道家自然观发凡

胡化凯 ● 著

海天出版社（中国·深圳）

图书在版编目（CIP）数据

道家自然观发凡 / 胡化凯著. —— 深圳：海天出版
社，2016.10

（自然国学丛书）

ISBN 978-7-5507-1694-0

Ⅰ．①道… Ⅱ．①胡… Ⅲ．①道家－自然哲学－研究

Ⅳ．①B223.05

中国版本图书馆CIP数据核字（2016）第159630号

道家自然观发凡

Daojia Ziranguan Fafan

出 品 人　聂雄前
出版策划　尹昌龙
丛书主编　孙关龙　宋正海　刘长林
责任编辑　秦　海
责任技编　蔡梅琴
封面设计　风生水起

出版发行　海天出版社
地　　址　深圳市彩田南路海天大厦（518033）
网　　址　www.htph.com.cn
订购电话　0755-83460293（批发）83460397（邮购）
设计制作　深圳市同舟设计制作有限公司　Tel：0755-83618288
印　　刷　深圳市新联美术印刷有限公司
版　　次　2016年10月第1版
印　　次　2016年10月第1次
开　　本　787mm×1092mm　1/16
印　　张　14.625
字　　数　190千
定　　价　38.00元

总 序

　　21世纪初，国内外出现了新一轮传统文化热。人们以从未有过的热情对待中国传统文化，出现了前所未有的国学热。世界各国也以从未有过的热情学习和研究中国传统文化，联合国设立孔子奖，各国雨后春笋般地设立孔子学院或大学中文系。显然，人们开始用新的眼光重新审视中国传统文化，认识到中国传统文化是中华民族之根，是中华民族振兴、腾飞的基础。面对近几百年以来没有过的文化热，这就要求我们加强对传统文化的研究，并从新的高度挖掘和认识中国传统文化。我们这套《自然国学》丛书就是在这样的背景下应运而生的。

　　自然国学是我们在国家社会科学基金项目"中国传统文化在当代科技前沿探索中如何发挥重要作用的理论研究"中提出的新研究方向。在我们组织的、坚持20余年约1000次的"天地生人学术讲座"中，有大量涉及这一课题的报告和讨论。自然国学是指国学中的科学技术及其自然观、科学观、技术观，是国学的重要组成部分。长久以来由于缺乏系统研究，以致社会上不知道国学中有自然国学这一回事；不少学者甚至提出"中国古代没有科学"的论断，认为中国人自古以来缺乏创新精神。然而，事实完全不是这样的：中国古代不但有科学，而且曾经长时期地居于世界前列，至少有甲骨文记载的商周以来至17世纪上半叶的中国古代科学技术一直居于世界前列；在公元3世纪至15世纪，中国科学技术则是独步世界，占据世界领先地位达千余年；中国古人富有创新精神，据统计，在公元前6世纪至公元1500年的2000多年中，中国的技术、工艺发明成果约占全世界的54%；现存的古代科学技术知识文献数量，也超过世界任何一个国家。因此，自然国学研究应是21世纪中国传统文化一个重要的新的研究方向。对它的深入研究，不仅能从新的角度、新的高度认识和弘扬中国传统文化，使中国传统文化获得新的生命力，而且能从新的角度、新的高度认识和弘扬中国传统科学技术，有助于当前的科技创新，有助于走富有中国特色的科学技术现代化之路。

本套丛书是中国第一套自然国学研究丛书。其任务是：开辟自然国学研究方向；以全新角度挖掘和弘扬中国传统文化，使中国传统文化获得新的生命力；以全新角度介绍和挖掘中国古代科学技术知识，为当代科技创新和科学技术现代化提供一系列新的思维、新的"基因"。它是"一套普及型的学术研究专著"，要求"把物化在中国传统科技中的中国传统文化挖掘出来，把散落在中国传统文化中的中国传统科技整理出来"。这套丛书的特点：一是"新"，即"观念新、角度新、内容新"，要求每本书有所创新，能成一家之言；二是学术性与普及性相结合，既强调每本书"是各位专家长期学术研究的成果"，学术上要富有个性，又强调语言上要简明、生动，使普通读者爱读；三是"科技味"与"文化味"相结合，强调"紧紧围绕中国传统科技与中国传统文化交互相融"这个纲要进行写作，要求科技器物类选题着重从中国传统文化的角度进行解读，观念理论类选题注重从中国传统科技的角度进行释解。

由于是第一套《自然国学》丛书，加上我们学识不够，本套丛书肯定会存在这样或那样的不足，乃至出现这样或那样的差错。我们衷心地希望能听到批评、指教之声，形成争鸣、研讨之风。

《自然国学》丛书主编

2011年10月

目 录

前 言

　　道家是春秋战国时期形成的一个重要学派，其思想对中国古代社会的政治、思想、文化、宗教、科学、文学、艺术等都产生过持久的影响。道家自然观是道家思想的重要组成部分，具有丰富的内涵。自然观是对于自然界的总的认识，包括关于自然界的本原、演化规律、基本性质以及人与自然的关系等方面的根本看法。不同的文明、不同的历史时期，有不同的自然观。随着人类认识水平的提高，自然观的内涵也随之发生变化。先秦道家自然观是老子、庄子等道家学者基于当时的认识水平，对自然界的存在状态、基本性质、运动规律，以及人类活动与自然界的关系等所做的哲学思考。

　　既要尊重历史，也要古为今用，这是史学研究的基本原则。古为今用至少有两个方面：一是帮助今人更好地理解历史上发生的事情、存在的东西，二是为今日的社会发展、文明进步提供某种借鉴和启示。尽管道家自然观是历史上很久以前产生的思想，但它对于今日的社会发展仍然具有一定的现实意义，这正是我们今天对之感兴趣的原因之一。"述往事以思来者，阐旧邦以辅新命"，这是每一个史学研究者应追求的目标。

　　本书分八章，前两章讨论道家自然观得以产生的学术背景，后六章讨论自然观的具体内容。老子提出道家学说后，在战国、秦汉时期得到了很大发展，形成了不同分支的道家学派。东汉后期形成的道教以及魏晋时期产生的玄学思潮，都与道家学说有着直接的思想渊源。第一章讨论了道家学派的形成及其发展变化情况，并对老子、文子、庄子、黄老学派的基本思想做了简略探讨。自然无为是道家学说的核心理念，道家自然观也体现了这种理念。第二章讨论了老子、庄子、黄老道家等关于自然无为思想的论述，揭示了这一思想的基本内涵。第三至第八章，从六个方面讨论了道家自然观的基本内容。道家的宇宙演化理论和自然规律观念，反映了该学派对于自然界的认识。道家的天人合一思想、技术批判思想、生态伦理思想以及养生思想，反映了该学派对于人类活动与自然界的关系的基本看法。道家在这四个方面所形成的思想认识，对于当今社会文明的发展具有一定的启发及教育意义。

自然观属于哲学范畴，具有一定的思辨性。自然观也属于科学思想，是一种抽象的存在。为了做到言之有据，避免空发议论，本书引用了大量原始文献。尽管这样做可能会造成资料堆积现象，但笔者认为，展示一些重要文献是必要的。因为，读者理解了这些文献，也就把握了一些重要思想的基本内容。同时，读者还可以根据这些文献作出自己的理解和判断，形成自己的认识。研究历史上的东西，需要尊重历史，有多少史料说多少话，尽量避免误解古人。但事实上，要做到这一点很不容易。因为，每个研究者都生活在当下，他对于文献的取舍、解读和评价，或多或少会受到他所处时代的思想文化及价值判断的影响。

在先秦诸子中，道家学说的哲理思维水平最高。要准确地把握道家思想，需要具备相当深厚的传统学术功底，这是笔者所不具备的。笔者对道家思想素有爱好，在给研究生讲授中国古代科学思想史课的过程中也多有讨论。本书所述内容，仅仅是笔者对于道家思想的粗浅理解，是一己之见，肯定存在不足甚至错误之处。就笔者所阅读的论著而言，目前似乎尚无一本专门讨论先秦道家自然观的专著问世，也未见有专题论文发表，因此，可资借鉴的研究成果相当有限。所幸前贤出版了不少解读道家经典的著作，发表了众多研究道家学术的论著，这些成果为笔者理解道家自然观的基本内容及学术背景提供了很大的帮助。本书引用了这些学者的研究成果，在书中做了注明，并在书后列出了为本书提供参考的著作目录。

限于笔者的学术水平，书中的缺点及错误在所难免，敬请读者批评指正。

第一章

道家学派的形成及其思想的发展

　　老子提出道家学说后，在战国、秦汉时期得到了很大发展，形成了不同的分支学派。东汉后期，道家思想又被道教充分吸收，历代道教理论家在注释道家经典时，都不同程度地发挥了道家思想。魏晋时期，道家学说成为玄学的重要思想渊源之一。隋唐、宋明等各个历史时期，都有不少学者在研究道家学说的过程中，继承和发展了道家思想。而在汉、唐、明等朝代初期，帝王们无不在自己的治国方略中，一定程度上借鉴了道家无为而治的主张。道家学说，对于中国古代社会的政治、思想、文化等各个方面都产生了深远的影响，对于中华民族的性格塑造和心理养成，也产生过一定的作用。

　　本章对道家学派的形成及其思想发展历程作一简单介绍，为全面考察道家自然观的基本内容提供必要的学术背景。

一、早期道家

　　老子著《道德经》五千言，创立了道家学说。《道德经》多称为《老子》，成书时间大致在春秋末至战国初期，书中保存了老聃的遗说，有些文句可能是战国时人附益的。[①]先秦子书多非出于一时一人之手，而是一人提出理论后，由其后学不断完善补充而成，《老子》一书可能也有这种情况。现存《老子》《庄子》《黄老帛书》《管子》中的有关篇章、《文子》及《鹖冠子》等是先秦道家的主要著作。

　　司马谈在《论六家要旨》中最先把老庄及黄老学派称为道家。老

---

①张岱年：《中国哲学发微》，太原：山西人民出版社，1981，333。

子、庄子等人之所以被称为道家，就是因为他们赋予了道概念丰富的内涵，借此表达了一套独特的思想。在老子从哲学的高度论述道概念之前，人们已经用其表示自然现象及社会活动的某种规律或规范。在前人认识的基础上，老子把道作为最高的实体范畴，用以说明宇宙万物产生的根源和运动变化的规律，建立了中国最早的本体论和宇宙论。

《老子》全书共八十一章，其中有三十七章直接论道，道字出现七十四次。综观老子的论述，道字的涵义主要包括两个方面，即宇宙的本原和万物的规律。

帛书《老子》第一章说："道，可道也，非恒道也；名，可名也，非恒名也。无名，万物之始也；有名，万物之母也。故恒无欲也，以观其妙；恒有欲也，以观其所徼。两者同出，异名同谓。玄之又玄，众妙之门。"[①]魏王弼注云："可道之道，可名之名，指事造形，非其常也。故不可道，不可名也。"可道可名的事物，并非永恒存在；不可道之道，不可名之名，则是永恒存在的。道是宇宙万物的本原，是天地之始、万物之母，是永恒存在的东西，无法用语言表达，也无法给予一般的名称，可以用"无"与"有"表示。在万物形成之前，宇宙是"无"，但不是绝对的"无"，而是具有演化天地万物的潜在能力，所以又是"有"。因此，老子说："天下之物生于有，有生于无。"[②]对于宇宙最初这种亦"有"亦"无"的状态，《老子》其他章节作了进一步论述。如第四章："道盅而用之，或弗盈也，渊兮似万物之宗……湛兮似或存。吾不知其谁之子也，象帝之先。"盅，是空虚。道是空虚的，却用之不竭，是万物之宗。第二十一章："孔德之容，唯道是从。道之为物，惟恍惟惚。惚兮恍兮，其中有象兮。恍兮惚兮，其中有物兮。"其中，第二个"之"字训"生"。"道之物"，即道生物[③]。恍惚，

①高明：《帛书老子校注》，北京：中华书局，2004，221～224。本书以下凡引该书正文，皆简称《老子》，给出章数，不再注明版权信息及页码。
②《老子》，第四十章。
③高明：《帛书老子校注》，北京：中华书局，2004，330。

是若有若无的状态。道生万物，以恍恍惚惚的状态存在。第二十五章：
"有物混成，先天地生。寂兮寥兮，独立而不改，周行而不殆，可以为
天地母。吾未知其名，字之曰道，吾强为之名曰大。"道是天地之母、
万物之源，以混沌无形的状态存在。以上关于道之性状的论述，都是对
想象中的宇宙最初状态的描述。

老子设想，宇宙最初处于无形无象的混沌状态，并借用道字表示
这种状态。从本体论来看，道是一个形而上的存在，与现实世界的任何
事物都不相同，是一个没有形象的东西。所以，《庄子·知北游》说：
"知形形之不形乎！道不当名。"

老子还强调："道泛兮，其可左右也。功成遂事而弗名有也。万
物归焉而弗为主，则恒无欲也，可名于小。万物归焉而弗为主，可名
于大。"①道生万物，而不主宰万物，为而不有，功成无欲。这是大
自然造化万物过程中所显示出的本性，由此启发老子提出了"道法自
然""道常无为"的哲学理念，强调"为无为，则无不治"②。

道作为万物的本原，是不可名状、无以言表的存在。这是老子赋予
道概念的本体论内涵。与此同时，老子也论述了道的规律性内涵。《老
子》第四十六章说："天下有道，却走马以粪；天下无道，戎马生于
郊。"这里说的是人类社会之道，即"人道"。第四十七章说："不出于
户，以知天下。不窥于牖，以知天道。"这里说的"天道"，指自然界变
化的规律。对于"人道"及"天道"的具体含义，老子论述得不多。

老子认为，物极必反、原始返终是事物所遵循的基本运动规律。
《老子》第四十章说："反也者，道之动也；弱也者，道之用也。"其
中"反"有二义：一是相反，对立；二是返还，往复。事物既彼此对
立，又相互依存，在相互作用中向自己的对立方面发展、转化，这是事
物运动的辩证规律。第十六章说："万物并作，吾以观其复也。夫物云
云，各复归于其根。归根曰静，静，是谓复命。复命，常也；知常，明

---

① 《老子》，第三十四章。
② 《老子》，第三章。

也。不知常，妄；妄作，凶。"常，指事物遵守的不变规则。老子认为，万物的运动都会循环往复、回归本根，这是常道；明白此理，做事就有根据，否则，恣意妄为，就会招致失败。老子这里强调的是事物运动的循环往复之道。

老子以道表示宇宙万物的本原，用道表示事物的循环运动规律，强调了道的自然无为特性，从而奠定了道家学说的理论基础。

老子的学说得到了其门人的继承和发展。庚桑楚、关尹、文子、列御寇、杨朱等都是老子的弟子，其中以庚桑楚和文子最为著名。《庄子·庚桑楚》说："老聃之役，有庚桑楚者，偏得老聃之道。"役，即门徒、弟子。《文子·道德》篇载"平王问文子曰：吾闻子得道于老聃"，由此可以看出文子与老子的师徒关系。东汉王充赞叹："老子、文子似天地者也。"[①]葛洪也说："夫道之妙者，不可尽书，而其近者，又不足说。昔庚桑胼胝，文子厘颜，勤苦弥久，及受大诀，谅有以也。"[②]庚桑楚和文子经过长期刻苦勤学，掌握了道的奥妙，成为老子之后的佼佼者。

老子之后，道家学术沿着两个方向发展。由庚桑楚、关尹、列御寇至庄子为一脉，他们提倡清虚无为，追求超然物外的理想境界；魏晋时期的玄学家何晏、王弼等人继承了这一学术传统。由文子、杨朱到田骈、慎到、宋钘、尹文等形成了另一脉系，他们吸收了儒、墨、名、法等学派的思想，在道的学说中融合了仁、义、礼、法等内容，形成了一套具有道家特色的政治理论；两汉的贾谊、王充等继承了这一派的思想。[③]

庚桑楚、文子、关尹、杨朱、列御寇是早期的道家，他们都为发展道家思想做出了贡献。

庚桑楚，《列子·仲尼》篇作亢仓子，称："老聃之弟子有亢仓子者，得聃之道，能以耳视而目听。"《庄子》有《庚桑楚》篇，称

---

① 《论衡·自然》。
② 《抱朴子·至理》。
③ 李定生、徐慧君：《文子校释·论文子》，上海：上海古籍出版社，2004，33～34。

其"偏得老聃之道"。因此，唐代道教学者成玄英的《庄子疏》谓："老君大圣，弟子极多，门人之中，庚桑楚最胜。"据《庄子·庚桑楚》说，庚桑楚在畏垒之山生活了三年，得到民众的拥护，被称作"圣人"。但他没有著作流传下来，所以无从得知其思想概况。

文子，姓文，尊称子，佚其名字，老子弟子，春秋末年或战国初期人。文子解说老子之言，阐发老子思想，继承和发展了道的学说。《汉书·艺文志》道家类著作载有《文子》九篇。1973年，河北定县汉墓出土的竹简中有《文子》残简，其中与今本《文子》相同的文字有六章，不见于今本的还有一些内容。由此证明，今本《文子》为西汉时已有的先秦古籍，其中虽有后人篡改增益的内容，但并非伪书，可以作为研究文子思想的主要资料①。

文子的思想既以道家为主，同时也吸纳了儒、墨等各家思想，把道德与仁义、礼智结合起来论述治国之道。文子认为："物生者道也，长者德也，爱者仁也，正者义也，敬者礼也。"德、仁、义、礼是圣人御万物、理天下的根本，只有"四者既修"，国家才会安宁。②老子反对仁、义、礼、智，文子则不同。《文子》中有《上仁》《上义》《上礼》诸篇，反映了对儒家思想的汲取和改造。《文子·上仁》篇说："古之为君者，深行之谓之道德，浅行之谓之仁义，薄行之谓之礼智，此六者，国家之纲维也。深行之则厚得福，浅行之则薄得福，尽行之天下服。古者，修道德即正天下，修仁义即正一国，修礼智即正一乡。"在文子看来，道德、仁义、礼智只有深、浅、薄程度的不同，而都被道所包括。文子认为，人有各种欲望，"礼者，非能使人不欲也，而能止之"③。他所说的"礼"，已经近似于"法"了。老子主张柔弱胜刚强，文子则认为刚和柔各有得失。"太刚则折，太柔则卷，道正在于刚柔之间。"④这显然比老子的认识更为全面。老子提倡居阴示柔，守弱

---

①李定生、徐慧君：《文子校释·论文子》，上海：上海古籍出版社，2004，14。
②彭裕商：《文子校注·道德》，成都：巴蜀书社，2006。本书以下凡引《文子》内容，皆取自该书；并简称《文子》，给出篇名，不再注明版权信息。
③④《文子·上仁》。

处静；文子主张"圣人能阴能阳，能柔能刚，能弱能强，随时动静，因资而立功"①。老子讲"道"，不讲"术"；文子既讲"道"，也讲"术"。他说："见本而知末，执一而应万，谓之术。居知所为，行知所之，事知所乘，动知所止，谓之道。"②文子所说的"术"，是认识事物和处理问题的方法。

老子对道的论述，侧重于其宇宙本原及万物规律的哲学内涵，而对于道的社会政治涵义论述得很少，文子对此有所弥补。《文子·道德》篇一方面强调："夫道者，德之元，大之根，福之门；万物待之而生，待之而成，待之而宁。"另一方面也指出："夫道，无为无形，内以修身，外以治人。"并且认为："天子有道，则天下服，长有社稷；公侯有道，则人民和睦，不失其国；士庶有道，则全其身，保其亲；强大有道，不战而克；小弱有道，不争而得；举事有道，功成得福。君臣有道则忠惠，父子有道则慈孝，士庶有道则相爱。故有道则知，无道则苟。"君臣、父子、王公、庶民，只要依道行事，都可以得到理想的结果。因此，文子说："道之于人，无所不宜也。夫道者，小行之小得福，大行之大得福，尽行之天下服，服则怀之。"③文子这里描述了人道的作用。

《文子·微明》篇赋予了人道六个方面的涵义："凡人之道，心欲小，志欲大，智欲圆，行欲方，能欲多，事欲少。"并且对之作了进一步解释："所谓心欲小者，虑患未生，戒祸慎微，不敢纵其欲也。志欲大者，兼包万国，一齐殊俗，是非辐辏，中为之毂也。智圆者，终始无端，方流四远，渊泉而不竭也。行方者，直立而不挠，素白而不污，穷不易操，达不肆志也。能多者，文武备具，动静中仪，举错废置，曲得其宜也。事少者，乘要以偶众，执约以治广，处静以持躁也。"这些是对一般人而言，而对于统治一国的君主，其道又有所不同。《文子·自然》篇说："王道者，处无为之事，行不言之教，清静而不动，一度而

①②《文子·微明》。
③《文子·道德》。

不摇，因循任下，责成不劳。谋无失策，举无过事，言无文章，行无仪表，进退应时，动静循理，美丑不好憎，赏罚不喜怒。名各自命，类各自以，事由自然，莫出于己。"其中体现的是无为而治思想。

文子认为，道具有"虚无、平易、清静、柔弱、纯粹素朴"五种性质。并且指出："虚无者，道之舍也；平易者，道之素也；清静者，道之鉴也；柔弱者，道之用也。易者，道之常也；柔者，道之刚也；弱者，道之强也；纯粹素朴者，道之干也。"①虚无，平易，清静，柔弱，纯粹素朴，这些都是道家提倡的处世态度及行为准则，文子将之与道联系起来，赋予了它们形而上的涵义。《文子》中有《守虚》《守无》《守平》《守易》《守清》《守静》《守弱》《守朴》诸篇，对道的这些性质作了进一步阐释。

关尹曾为函谷关令，后师从老子。《汉书·艺文志》道家类有《关尹子》九篇，后亡佚。今本《关尹子》为后人依托之作。《庄子·天下》篇称"关尹、老聃乎，古之博大真人哉"。该篇说关尹"以本为精，以物为粗，以有积为不足，澹然独与神明居……建之以常无有，主之以太一，以濡弱谦下为表，以空虚不毁万物为实"。关尹也说："在己无居，形物自著。其动若水，其静若镜，其应若响。芴乎若亡，寂乎若清。"动如流水，静若明镜，恍惚如无有，寂静如清虚，心灵处于宁静的状态，对待事物不掺杂自己的偏见，这与老子的自然、无为思想是一致的。《吕氏春秋》称"关尹贵清"②，也是强调其主张清虚无为的思想特征。

杨朱，也称杨子、阳生，史籍无传，也无关于其书的记载。孟子说："杨朱、墨翟之言盈天下；天下之言，不归杨则归墨。"③可见杨朱思想在战国初期有很大影响。《庄子》《孟子》《荀子》《韩非子》《吕氏春秋》等都有关于杨朱的一些零星资料，从中可窥见其思想概

①《文子·道原》。
②《吕氏春秋·不二》。
③《孟子·滕文公下》。

貌。《列子》中有《杨朱》篇，比较集中地反映了他的一些思想。杨朱主张"贵生爱身"①。孟子说："杨子取为我，拔一毛而利天下不为也。"②他骂杨朱是"无君"，是"禽兽"③。孟子从维护儒家道统出发，批评杨朱和墨翟，认为"杨墨之道不息，孔子之道不著"。他对杨朱的评价是有偏见的。《列子·杨朱》篇记载杨朱说："古之人，损一毫利天下，不与也；悉天下奉一身，不取也。人人不损一毫，人人不利天下，天下治矣。"这里体现的是无为而治的思想。《韩非子·显学》篇说杨朱"不以天下大利易其胫一毛；世主必从而礼之，贵其智而高其行，以为轻物重生之士也"。韩非的评价是比较公允的。杨朱主张："从心而动，不违自然所好"；"从性而游，不逆万物所好"④。《淮南子·泛论训》也说："全性保真，不以物累形，杨子之所立也。"杨朱不为物累、珍视生命的思想，与老子的"厚生"之说是一致的。《吕氏春秋》称"杨生贵己"。⑤所谓"贵己"，即是对个体生命与个性的尊重，体现了道家崇尚自然生命的一贯主张。⑥综上可见，杨朱阐扬了道家淡泊名利、爱己贵生的思想，将其视为自私自利，未必妥当。

列子，名御寇，郑国人。关于列子的事迹，《庄子》《吕氏春秋》《尸子》《战国策》等均有零星记载。《汉书·艺文志》道家类著有《列子》八篇。现代学者受20世纪30年代疑古之风的影响，多认为原书早佚，今本《列子》系魏晋时人伪托之作。不过，仍有一些学者经过考证，提出了不同的观点。严灵峰经过考证认为，《列子》由列子的门人及其后学汇编而成，其中掺杂有后人的文字及其他残简与错简。⑦严北溟、严捷经过分析认为，今本《列子》中有部分章节是先秦《列子》的佚篇，而且还保存了不少先秦佚书的片段。⑧陈鼓应也认为，今本《列

---

① ④《列子·杨朱》。
②《孟子·尽心上》。
③《孟子·滕文公下》。
⑤《吕氏春秋·不二》。
⑥ 陈鼓应：《老庄新论》，北京：商务印书馆，2008，178。
⑦ 严灵峰：辩《列子》书不后于《庄子》书，载《无求备斋学术论集》，台北：中华书局，1969。
⑧ 严北溟、严捷：《列子译注·前言》，上海：上海古籍出版社，1991，4～5。

子》绝非伪书，基本上是先秦的作品，保存了先秦的材料，只是其中有后人增益的内容。[①] 这些学者的分析是有道理的。因此可以认为，今本《列子》反映了列御寇的一些学术思想。

列子与老子、庄子并称为道家三大巨子，其宇宙观及处世思想都受到老子的很大影响。《列子·天瑞》篇讨论了宇宙论问题，提出"不生不化者"是万物的本原，即"有生不生，有化不化。不生者能生生，不化者能化化。生者不能不生，化者不能不化，故常生常化"。该篇还描述了宇宙从无形到有形的演化过程，认为早期的宇宙经历了"太易""太初""太始""太素"几个演化阶段，并且强调宇宙万物的演化是一个"自生自化、自形自色、自智自力、自消自息"的过程。这些论述，把老子道生万物的宇宙论进一步具体化了。《尸子·广泽》及《吕氏春秋·不二》篇称"列子贵虚"。关于"贵虚"，《列子·天瑞》篇有一段记载："或谓子列子曰：'子奚贵虚？'列子曰：'虚者无贵也。'子列子曰：'非其名也，莫如静，莫如虚。静也虚也，得其居矣；取也与也，失其所矣。事之破砏而后有舞仁义者，弗能复也。'"所谓贵虚，就是舍弃与夺，顺物自然，保持心灵的恬淡、清静，这与老子的"致虚极，守静笃"是一致的。

战国早期这些学者对老子思想的继承和阐发，为道家学说的进一步发展奠定了必要的基础。

二、庄子学派

战国中后期，道家学派人物众多，对当时及后世影响最大者莫过于庄子学派及黄老学派。司马迁说，庄子"其学无所不窥，然其要本归于老子之言……以明老子之术"[②]。庄子继承和发展了老子的学说，形成了庄

---

① 陈鼓应：《老庄新论》，北京：商务印书馆，2008，71、179。
② 《史记·老子韩非列传》。

子学派。《庄子》分内篇、外篇和杂篇，内篇由庄子本人所作，外篇及杂篇多为庄子后学所作，全书集中表达了庄子及其后学的思想认识。

庄子学派继承了老子的道本体论思想。《庄子·大宗师》说："夫道，有情有信，无为无形；可传而不可受，可得而不可见；自本自根，未有天地，自古以固存；神鬼神帝，生天生地；在太极之先而不为高，在六极之下而不为深，先天地生而不为久，长于上古而不为老。"其中"神"与"生"同义①。道虽无象无形，却真实存在，它有情有信，可以心传而不可以口授，可以心得而不可以目见；它自本自根，独立存在，产生宇宙间的一切，包括天地和鬼神；它高深久远，超越时空而存在。所以，在庄子看来，道是天地万物的总根源，以超时空的形式存在，无所不能。

《老子》第四十二章描述了道生演万物的过程，在此基础上，《庄子·天地》篇作了进一步阐述，其中说："泰初有无，无有无名；一之所起，有一而未形。物得以生谓之德；未形者有分，且然无间谓之命；留动而生物，物成生理谓之形；形体保神，各有仪则谓之性。""泰初"即宇宙的原始，也即老子所说的道；"一"是宇宙"混而为一"的状态；"有分"即分化出阴阳二气。由道生出气，气形成有形之物，物各有其特性和仪则，由此构成了丰富多彩的物质世界。这比老子的"道生一，一生二，二生三"要具体得多。

《庄子·知北游》对于道生万物的功能也作了论述，其中说："夫昭昭生于冥冥，有伦生于无形，精神生于道，形本生于精，而万物以形相生。故九窍者胎生，八窍者卵生……天不得不高，地不得不广，日月不得不行，万物不得不昌，此其道欤！""昭昭""有伦"，都是指有形的具体事物。"冥冥""无形"，是指无形的道。道生出精神和万物，赋予其特质，然后万物代代相传。天之高，地之广，日月运行，万物昌盛，其"不得不"如此，都是由各自的本性决定的，这就是道。

---

①陈鼓应：《庄子今注今译》，北京：中华书局，2009，199。

对于生化万物的道，庄子学派有时称之为"本根"。《知北游》说："合彼神明至精，与彼百化。物已死生方圆，莫知其根也。扁然而万物，自古以固存。六合为巨，未离其内；秋豪为小，待之成体。天下莫不沉浮，终身不故。阴阳四时运行，各得其序。惛然若亡而存，油然不形而神。万物畜而不知，此之谓本根，可以观于天矣。"唐代成玄英解释"本根"说："亭毒群生，畜养万物，而玄功潜被，日用不知。此之其力，是至道一根本也。"①《知北游》作者认为，万物都处于生灭更替、形态变化之中，而不知其变化的根本是什么；万物悠然生长，自古如此，而不知其所以然；六合为大，超不出道的范围；秋毫为小，也赖道而成；万物升降沉浮，不断变化；四时寒暑交替，井然有序；道若亡若存，无形而神，生养万物而不知，这就是本根。

道生万物，也内含于万物之中。《知北游》说，道"无所不在"，存在于蝼蚁内、稊稗内、瓦甓内，道"可以贵，可以贱，可以约，可以散"。《庄子·天道》篇说："夫道，于大不终，于小不遗，故万物备。"《庄子·天地》篇也说："通于天地者，德也；行于万物者，道也。"这些论述，都是强调道是普遍存在的。

庄子学派也发展了老子的无为之道。《庄子·至乐》篇说："天下是非果未可定也。虽然，无为可以定是非。至乐活身，惟无为几存……天无为以之清，地无为以之宁。故两无为相合，万物皆化。芒乎芴乎，而无从出乎。芴乎芒乎，而无有象乎。万物职职，皆从无为殖。故曰：天地无为也而无不为也。人也，孰能得无为哉！"庄子学派认为，天下的是非本来是无法确定的，而以自然无为的态度处事，则可以定是非；以自然无为的方式生活，可以几近快乐。天自然无为而能清明，地自然无为而能宁静，宇宙万物都是在自然无为的过程中生出的，所以天地无为而无不为。人谁能学得这种自然无为精神！这是对老子"道常无为，而无不为"思想的进一步发挥。

---

① 成玄英：《南华真经注疏》，卷七。

《知北游》说："天地有大美而不言，四时有明法而不议，万物有成理而不说。圣人者，原天地之美而达万物之理。是故至人无为，大圣不作，观于天地之谓也。"天地有无限的美景却不以言语炫耀，四时有明显的规律却不加以议论，万物有生成的道理却不予以说明，这些都是自然无为的表现。圣人取法于天地，也应顺任自然，不妄自造作。这同样是强调人道应效法无为的天道。

《庄子·在宥》篇讨论了天道与人道的区别："何谓道？有天道，有人道。无为而尊者，天道也；有为而累者，人道也……天道之与人道也，相去远矣，不可不察也。"天道无为而尊，人道有为而累，道家提倡人道效法天道。

老子主张人类社会应无为而治。《庄子·天道》篇说："夫帝王之德，以天地为宗，以道德为主，以无为为常。无为也，则用天下而有余；有为也，则为天下用而不足。故古之人贵夫无为也。"这里也是强调帝王治国应以自然无为为法则。无为，可任用天下而有余；有为，则无法满足天下的需要。《庄子·天地》篇也说："夫道，覆载万物者也，洋洋乎大哉！君子不可以不刳心焉。无为为之之谓天，无为言之之谓德……"意即道覆载万物，浩瀚广大，君子不可不刳除成见而融通于道；以无为的方式去做就是道，以无为的方式去表达就是德。

"道者，万物之所由也，庶物失之者死，得之者生。为事逆之则败，顺之则成。故道之所在，圣人尊之。"[1] 在庄子学派看来，自然之道是天地万物的基本法则，人类也应遵循这种法则行事。

---

[1]《庄子·渔父》。

三、稷下黄老学派

战国中后期的黄老学说是假借黄帝之名，以老子学说为本，兼采儒、墨、名、法、阴阳各家之长而形成的新道家学说。

司马谈《论六家要旨》说："道家使人精神专一，动合无形，赡足万物。其为术也，因阴阳之大顺，采儒墨之善，撮名法之要，与时迁移，应物变化，立俗施事，无所不宜，指约而易操，事少而功多。"司马谈认为，道家采阴阳、儒、墨、名、法诸家之长，因此其学说比诸家具有更多的合理性。关于道家的学术思想，司马谈概括为："道家无为，又曰无不为，其实易行，其辞难知。其术以虚无为本，以因循为用。无成势，无常形，故能究万物之情。不为物先，不为物后，故能为万物主。有法无法，因时为业；有度无度，因物与合。故曰：'圣人不朽，时变是守。'虚者道之常也，因者君之纲也。"[①]司马谈的评论，主要是根据黄老道家思想而言的。

战国中期，齐国稷下学宫聚集了慎到、田骈、接子、环渊、彭蒙、宋钘、尹文等著名学者，他们"皆学黄老道德之术，因发明序其指意"[②]，形成了富有影响的稷下黄老道家学派。黄老学派兴盛于齐国，扩散于秦、楚各地，成为战国中后期的显学。但黄老道家的著作多已亡佚，《管子》中《内业》《白心》《心术》上下诸篇，以及《形势》《宙合》《枢言》《水地》等反映了稷下黄老道家思想[③]；楚国黄老思想体现于《鹖冠子》；秦国黄老思想多保存于《吕氏春秋》之中。

1973年，长沙马王堆汉墓出土的帛书《老子》乙本卷前有四种古佚书，即《经法》、《十六经》（也称《十大经》）、《称》和《道原》。学界认为此四篇文献是战国时期黄老道家的重要著作，可能就是《汉书·艺文志》著录的《黄帝四经》，因此一些人称其为《黄帝四经》，

---

① 《史记·太史公自序》。
② 《史记·孟子荀卿列传》。
③ 陈鼓应：《管子四篇诠释》，北京：商务印书馆，2006，17。

也有学者称其为《黄老帛书》。

黄老学派将法纳入道的体系，提出了"道生法"的观点。《黄老帛书·经法》篇讨论了道与法的关系，认为："道生法。法者，引得失以绳，而明曲直者也。故执道者，生法而弗敢犯也，法立而弗敢废也。夫能自引以绳，然后见知天下而不惑矣。"法是法家提倡的政治主张。《经法》将法归之于道的体现，从对道的遵守和体悟去论证守法的自觉性。《管子·心术上》也说："事督乎法，法出乎权，权出乎道。"《管子·枢言》说："法出于礼，礼出于治。法、礼，道也。"礼是儒家提倡的政治主张。将法与礼归并于道，以道统摄二者，是黄老道家思想的特点之一。

老子和庄子都提倡人道取法天道，《黄老帛书·十六经》也强调遵守天道的重要性，其中说："顺天者昌，逆天者亡。毋逆天道，则不失所守。""知此道，地宜天，鬼宜人。以居军强；以居国，其国昌。古之贤者，道是之行。"遵循天道，则神鬼宜人，军强国盛；违背天道，就会自取败亡。

《黄老帛书·道原》篇对道的性质和作用作了精彩的论述，其中说："恒无之初，迥同太虚。虚同为一，恒一而已。湿湿梦梦，未有明晦。神微周盈，精静不熙。故未有以，万物莫以。故无有形，大迥无名。天弗能覆，地弗能载。小以成小，大以成大，盈四海之内，又包其外。在阴不腐，在阳不焦。一度不变，能适蚑蛲。鸟得而飞，鱼得而游，兽得而走。万物得之以生，百事得之以成。人皆以之，莫知其名。人皆用之，莫见其形。一者其号也，虚其舍也，无为其素也，和其用也。是故上道高而不可察也，深而不可测也，显明弗能为名，广大弗能为形，独立不偶，万物莫之能令。天地阴阳，四时日月，星辰云气，蚑行蛲动，戴根之徒，皆取生，道弗为益少；皆反焉，道弗为益多。坚强而不撌（匮），柔弱而不可化。精微之所不能至，稽极之所不能过。"[1]这里讨论了道的形态、称号、功用、性质。道无形无名，天地不能覆载，四海

---

①陈鼓应：《黄帝四经今注今译》，北京：商务印书馆，2007，440。

不能容涵，高不可察，深不可测；鸟得之而飞，兽得之而走，万物得之以生，百事得之以成；一是其名号，虚无是其处所，无为是其根本，和合是其作用；从其滋生出万物，而其自身不会减少；万物归并于它，而它也不会增多；再精微的东西也无法达到它的境界，再至极的东西也无法超越于它。在现存汉代之前的文献中，这是关于道范畴最完整、最充分的论述。

《管子》对道的内涵也作了比较深入的阐述。老子说："道生之，德畜之。"《管子·心术上》进一步说："德者，道之舍，物得以生生，知得以职道之精。故德者得也，得也者，其谓所得以然也。以无为之谓道，舍之谓德。故道之与德无间，故言之者不别也。"德是道寓于物者，是物所得之道，是道的施用及体现，道与德没有本质的区别。正所谓"虚无无形谓之道，化育万物谓之德"[①]。这是对道与德概念最好的概括和区分。

老子用惚恍、窈冥形容道的幽隐无形。《管子·内业》说："夫道者……冥冥乎不见其形，淫淫乎与我俱生。不见其形，不闻其声，而序其成，谓之道。"道虽杳然无形，但它却绵绵不断，与生命共存。尽管看不见其形体，听不到其声音，它却能有序地成就万物，这就是道。《庄子·知北游》说："道不可闻，闻而非也；道不可见，见而非也；道不可言，言而非也。"《管子·内业》篇也说："彼道之情，恶音与声，修心静意，道乃可得。道也者，口之所不能言也，目之所不能视也，耳之所不能听也，所以修心而正形也，人之所失以死、所得以生也，事之所失以败、所得以成也。凡道，无根无茎，无叶无荣，万物以生，万物以成，命之曰道。"道不可以语言表达，只有修心静意才可得之；道虽然不可见闻，但可以完善人的身心；人失去它即死，得到它即生；做事得之则成，失之则败；道虽无根无荣，万物却赖它而生而成。这些都是对道的性质及作用的进一步论述。

---

① 《管子·心术上》。

17

黄老道家的一个重要特点是"以虚无为本，以因循为用"。《管子·心术上》提倡的"静因之道"即是这种思想的集中体现，具体内容在本书第三章中讨论。黄老道家提倡的"道贵因"及"因之术"，都是强调遵循事物自然本性的重要性，具有一般认识论意义。

四、两汉道家思想

继春秋战国时期的百家争鸣之后，两汉也是中国学术史上的一个重要时期，涌现出一批著名的思想家及重要著作。汉代，先秦的墨、法、名、阴阳诸家，或被儒家吸收肢解，或被道家吸收融合，形成了儒、道两大思想主流。西汉前期，黄老道家思想受到统治者的重视，将之作为治国安邦的指导思想，因而得到顺利发展。这一时期，不仅出现了一批著名的黄老学者，而且产生了以《淮南子》为代表的重要著作。西汉后期至东汉，由于汉武帝采纳董仲舒"罢黜百家，独尊儒术"的主张，道家思想逐渐失去了正统地位，成为养生长寿之术。尽管如此，仍有不少学者致力于道家学说研究，西汉中后期出现了《老子徐氏经说》《老子河上公章句》《老子指归》等一批阐释老子思想的著作。东汉后期，产生了道教，道士们按照自己的需要解释和发挥了道家思想。这些工作，使得道家学说得以延续，并有所发展。

在注释前人著作过程中阐发自己的见解，是中国古人做学问的一种常见方式。先秦之后，道家思想的发展也多以这种方式而实现。从汉代开始，几乎各个时期都有人对《老子》进行注释，宋代道士杜道坚对此评论说："汉人注者，为汉《老子》；晋人注者，为晋《老子》；唐人、宋人注者，为唐《老子》、宋《老子》。"[1]意谓各个时期的注释，都会打上时代的烙印，反映了注释者对《老子》的不同理解和认识。这正是道家思想有所发展的基本体现。

---

[1]杜道坚：《玄经原旨发挥》。

18

以下对《淮南子》《老子指归》及《老子河上公章句》的相关内容做一简单讨论。

《淮南子》由淮南王刘安组织门客编撰而成,是书"纪纲道德,经纬人事,上考之天,下揆之地,中通诸理"①。东汉高诱评价说:"其旨近老子,淡泊无为,蹈虚守静,出入经道……其义也著,其文也富,物事之类,无所不载。然其大较,归之于道。"《淮南子》是西汉黄老学说的集大成之作,充分体现了黄老道家思想。书中既讨论了形而上的本体之道,也论述了治国理政及修身养性的无为之道。

《淮南子》中《原道训》《精神训》《俶真训》《览冥训》诸篇,对道的含义都有所阐发。《原道训》对道的本体论意义作了精彩的论述:"夫道者,覆天载地,廓四方,柝八极,高不可际,深不可测,包裹天地,禀授无形;原流泉渤,冲而徐盈,混混滑滑,浊而徐清。故植之而塞于天地,横之而弥于四海,施之无穷而无所朝夕,舒之幎于六合,卷之不盈于一握。约而能张,幽而能明,弱而能强,柔而能刚;横四维而含阴阳,纮宇宙而章三光。甚淖而湆,甚纤而微。山以之高,渊以之深,兽以之走,鸟以之飞,日月以之明,星历以之行……夫太上之道,生万物而不有,成化像而弗宰;跂行喙息,蠉飞蠕动,待而后生,莫之知德;待之后死,莫之能怨;得以利者不能誉,用而败者不能非;收聚畜积而不加富,布施禀授而不益贫;旋县而不可究,纤微而不可勤;累之而不高,堕之而不下;益之而不众,损之而不寡;斫之而不薄,杀之而不残;凿之而不深,填之而不浅;惚兮恍兮,不可为象兮;恍兮惚兮,用不屈兮;幽兮冥兮,应无形兮;遂兮洞兮,不虚动兮;与刚柔卷舒兮,与阴阳俯仰兮。"道是无限的存在,是事物运动变化的根源及依据,具有各种属性和功能。这些论述与前述《黄老帛书·道原》篇类似,是对先秦道家本体论学说的继承与总结。

《淮南子》以思辨的方式讨论了宇宙演化问题,其中《天文训》《俶真训》《精神训》《泰族训》等篇都有这方面的论述。这些工作是

①《淮南子·要略》。

对老庄宇宙演化思想的进一步发挥和深化，具体内容见本书第四章。

老子主张恬淡无为，《淮南子》继承了这种思想。《原道训》说："是故达于道者反于清静，究于物者终于无为。以恬养性，以漠处神，则入于天门。"又说："圣人内修其本，而不外饰其末；保其精神，偃其智故，漠然无为而无不为也。"《主术训》说："人主之术，处无为之事，而行不言之教。清静而不动，一度而不摇，因循而任下，责成而不劳。"这些都是强调以无为之道修身，以无为之道治国。

《要略》篇总结《淮南子》的基本思想说："欲一言而寤，则尊天而保真；欲再言而道，则贱物而贵身；欲参言而究，则外物而反情。"尊重自然，保养精神，鄙弃物欲，摒除情感，回归于质朴纯真。这正是道家的一贯主张。

《老子指归》（以下简称《指归》）的作者严遵，字君平，西汉末期隐士。严君平喜好清静，崇尚自然，主张"信顺柔弱，躬耕而食，常于止足，归乎无名"。他在解释《老子》过程中，阐发了"道"的本体论思想，提出了一套有别于前人的宇宙演化说。老子认为道德化育万物。严遵在"道德"基础上，增加了"神明""太和"，认为它们都是天地万物的始祖。《老子指归·上德不德》篇说："天地所由，物类所以，道为之元，德为之始，神明为宗，太和为祖。道有深微，德有厚薄，神有清浊，和有高下。清者为天，浊者为地。"元、始、宗、祖都表示开始，并无实质差别。但，道最为根本，由道而有德，由德而有神明，由神明而有太和。可以认为，道、德、神明、太和，是宇宙从无到有的几个初始阶段。在先秦两汉文献中，"神明"有多种含义，指人的精神、先见之明等，也指大自然造化万物的能力。《周易·系辞传》说："阴阳合德而刚柔有体，以体天地之撰，以通神明之德。"唐代孔颖达疏曰："万物变化，或生或死，是神明之德。"《指归》所说的"神明"，指变化莫测的气，它"有物俱生，无有形声，既无色味，又不臭香。出入无户，往来无门，上无所蒂，下无所根。清静不改，以存为常，和淖纤微，变化无方。与物柔和，而生乎三，为天地始，阴阳祖宗。在物物存，去物物亡，无以名之，号曰神明"①。无形无色的气是构成万物的材料，气聚则物生，气散则物亡。"太和"指阴阳冲和之气。老子说："万物负阴而抱阳，冲气以为和。"《指归》在解释"谷神不死"时说："太和妙气，妙物若神，空虚为家，寂泊为常。"这里称太和为"妙气"。因此，"神明"与"太和"都是指气。严君平认为，道先演化出神妙的气，由气而演化出天地万物。

老子说："天得一以清，地得一以宁……"《指归》解释说："一者，道之子，神明之母，太和之宗，天地之祖。"②由"一"演化出神明、太和、天地、万物。《指归》论述"一"的属性说："故其为物也，虚而实，无而有，圆而不规，方而不矩，绳绳忽忽，无端无绪，不浮不沉，不行不止，为于不为，施于不与，合囊变化，负包分理。无无之无，始始之始，无外无内，混混沌沌，芒芒泛泛，可左可右。虚无为常，清静为主，通达万天，流行亿野。万物以然，无有形兆……故一者，万物之所导而变化之至要也，万方之准绳而百变之权量也。一，其名也；德，其号也；无有，其舍也；无为，其事也；无形，其度也；反，其大数也；和，其归也；弱，其用也。"③"一"是道之子，是道的体现，因此，严君平赋予了它各种近似于道的功能及属性。

道不仅生演万物，也是万物运动变化的根据。道之"于万物也，岂直生之而已哉！生之形之，设而成之，品而流之，停而就之，终而始之，先而后之。既托其后，又在其前。神明以处，太和以存，清以上积，浊以下凝。天以之圆，地以之方。阴得以阴，阳得以阳。日月以照，星辰以行。四时以变化，五行以相胜。火以之热，水以之寒。草木以柔，金石以刚。味以甘苦，色以玄黄。音以高下，变以纵横。山陵以滞，风雨以行。鳞者以游，羽者以翔。兽以之走，人以聪明。殊类异族，皆以之存；变化相背，皆以之亡……"④道无处不在，无物不有，决定着天地万物的形象、声色、性能、运动变化及兴衰存亡。

---

①《老子指归·生也柔弱》。
②③《老子指归·得一》。
④《老子指归·道生》。

《指归》也讨论了道的自然无为本性，如《天下有始》篇说："夫道之为物，无形无状，无心无意，不忘不念，无知无识，无首无向，无为无事，虚无澹泊，恍惚清静。其为化也，变于不变，动于不动，反以生复，复以生反，有以生无，无以生有，反复相因，自然是守。无为为之，万物兴矣；无事事之，万物遂矣。是故，无为者，道之身体，而天地之始也。"道没有形象，没有声色，没有意识，没有作为，淡泊清虚；它在不变中生变，不动中生动，循环往复，有无相承，因任自然；它无所作为而万物自兴，无所事事而万物自成。这一切都是无为的表现，所以，无为是道的根本。《道生》篇说："知道以太虚之虚无所不禀，知德以致无之无无所不授；道以无为之为品于万方而无首，德以无设之设遂万物之形而无事，故能陶性命，治情意，造志欲，化万事。"《勇敢》篇说："天地之道，生杀之理，无去无就，无夺无与，无为为之，自然而已。"这些论述强调的都是天地之道的无为本性。严遵认为，宇宙万物的生演变化，遵循的都是自然无为的原则。

严遵主张，君主治国，"以道为父，以德为母，神明为师，太和为友。清静为常，平易为主，天地为法，阴阳为象。日月为仪，万物为表，因应为元，诚信为首。"[1]这是对老子无为而治思想的进一步发挥。

《老子河上公章句》（以下简称《章句》）成书时间约在东汉中后期[2]，作者相传为河上公，实则难以确定。《章句》作为东汉黄老学者的著作，主要内容是以汉代流行的黄老学派无为治国、清静养生的观点解释《老子》经文。天道与人事相通，治国与治身同理，二者皆本于清虚无为的自然之道，这是《章句》的基本思想。

《老子》说："道生一，一生二，二生三，三生万物。万物负阴而抱阳，冲气以为和。"《章句》注云："道始生者一，一生阴与阳也；阴阳生和、清、浊三气，分为天地人也。天地共生万物，天施地化，人长养之也。万物无不负阴而向阳，回心而就日。万物之中皆有元气，得

---

①《老子指归·治大国》。
②王卡点校：《老子道德经河上公章句·前言》，北京：中华书局，1997，3。

以和柔，若胸中有藏、骨中有髓、草木中有空虚与气通，故得久生。"
注文突出了元气的作用，认为由清、浊、和三气分别化生天、地、人三才，天地生演万物、长养人类，宇宙万物之中皆有元气流通。

《章句》常将治国与治身并举，认为二者同道，其中说"圣人治国与治身同也"①；"用道治国则国安民昌，治身则寿命延长，无有尽时也"②；"法道无为，治身则有益精神，治国则有益万民，不劳烦也"③。以无为之道治国爱民，以无为之道保养精神，"治身者神不劳，治国者民不扰，故可长久"。这是黄老道家的一贯主张。

《老子》说："道可道，非常道。"《章句》解释说："道可道，谓经术政教之道也；非常道，非自然生长之道也。常道当以无为养神，无事安民。"《章句》认为，《老子》的"常道"，是自然长生之道，而非经术政教之道。第六十四章注说："圣人学人所不能学。人学智诈，圣人学自然；人学治世，圣人学治身。"这些解释，反映了作者轻视治国而偏重于养生的倾向。

以上三部著作，分别代表了西汉初期、西汉末期和东汉中后期的黄老道家思想，既有对先秦道家学说的继承，也有与时俱进的发展，但主题思想仍然是自然无为观念。

从天道自然无为、元气化生万物的宇宙生成论出发，用自然法则论述治国养生之道，寻求使国家长治久安、个人长生久寿的方法，这是战国秦汉以来黄老道家学说的基本内容。西汉初期的黄老之学，比较偏重于探讨治国安邦的"经术政教之道"，提出的政治主张比较适合当时经济凋敝、人民亟须休养生息的形势，得到了汉文帝等人的大力提倡，在汉初盛行了近百年之久。及至汉武帝即位，实行董仲舒"罢黜百家，独尊儒术"的主张，黄老学说逐渐退出政治舞台。尽管黄老学说的政治理念不被重视，但其治身养生思想仍在发展。东汉时期，黄老学已经演变

---

① 《老子道德经河上公章句》，第三章。
② 《老子道德经河上公章句》，第三十五章。
③ 《老子道德经河上公章句》，第四十三章。

成偏重个人养生成仙的学说，由上述《老子道德经河上公章句》的相关内容也可以看出这种倾向。王充也称："世或以老子之道为可以度世，恬淡无欲，养精爱气。"① 东汉统治者中也不乏对黄老养生之术的信奉者。如汉桓帝延熹八年（公元165年），两次遣使去陈国苦县祭祀老子，欲求成仙。东汉后期，祭黄老求长生，已经成为帝王贵胄的经常性活动。这种风气，对桓帝、灵帝之世民间奉祀黄老的原始道教组织太平道和五斗米道的形成，产生了直接的影响。②

在各种因素影响下，东汉后期产生了道教。道教所谓的"道"，是从战国神道设教的神道而来。《周易·观卦》象辞说："观天之神道而四时不忒，圣人以神道设教而天下服矣。"战国中后期，一些方士开始宣扬神仙方术。他们"为方仙道，形解销化，依于鬼神之事"③。战国末期和秦汉之际，方仙道因受到封建统治者的重视而相当流行。西汉初期，黄老学说盛行。东汉以后，一些思想家和政治家在把黄老学说作为修身治国之本的同时，还将其神化，作为长生成仙之道，把黄帝、老子奉若神明。由此逐渐产生了以追求服食成仙和斋醮疗疾为主要内容的黄老道。黄老道具备了道教的基本内容和一定的宗教规模，是道教的前身。东汉后期，张陵创立的天师道，以及张角创立的太平道，都是黄老道在民间的流行和发展。道教在创立过程中，主要利用和改造了道家的哲学理论和养生思想，同时也吸纳了儒家的伦理纲常思想、墨家的尊天明鬼及兼爱交利思想、易学和阴阳五行思想、传统的宗教思想、鬼神观念、神仙方术以及民间巫术等。道教把老子变成神仙，看作道的化身，将《老子》《庄子》《文子》《列子》等看作神学经典，使道家学说经历了一个宗教化过程。与此同时，随着道教的发展，道家思想通过道教学者的宣传而扩大了影响，也增加了新的内容。

---

① 《论衡·道虚篇》。
② 王卡点校：《老子道德经河上公章句·前言》，北京：中华书局，1997，8～9。
③ 《史记·封禅书》。

五、魏晋玄学中的道家思想

魏晋时期，两汉兴盛的经学开始衰落，玄学得以形成。魏晋玄学是以老庄思想为骨架，企图调和儒道矛盾、会通自然与名教的一种哲学思潮。[①]自然，即天道无为、任物自然，指自然界所显示的和谐规律。名教，指以正名分、定尊卑为主要内容的封建礼教和宗法制度。这一时期，何晏、王弼创立了贵无论玄学，阮籍、嵇康提出了自然论玄学，裴颁提出了崇有论玄学，郭象提出了独化论玄学。玄学家在致力于儒道合流过程中，对道家学说进行了改造和发挥。

何晏，字叔平，生活于曹魏时期，是玄学之风的开启者。他所著《老子道德论》两卷，是玄学的重要著作，可惜全文已佚，只在张湛的《列子注》中保存了两个片段。其文曰："有之为有，恃无以生；事而为事，由无以成。夫道之而无语，名之而无名，视之而无形，听之而无声，则道之全焉。故能昭音响而出气物，包形神而章光影；玄以之黑，素以之白，矩以之方，规以之圆。圆方得形而此无形，白黑得名而此无名也。"[②]有与无是玄学的两个基本范畴。有，表示有形有象的存在，包括自然界的各种物以及人类社会的各种事。无，表示无形无名的存在，是感官无法把握、语言不能表达的东西，它支配着有。这种无，也叫作道。这种理论即是贵无论。另一段引文曰："为民所誉，则有名者也；无誉，无名者也。若夫圣人，名无名，誉无誉，谓无名为道，无誉为大。则夫无名者，可以言有名矣；无誉者，可以言有誉矣。然与夫可誉可名者，岂同用哉？此比于无所有，故皆有所有矣。而于有所有之中，当与无所有相从，而与夫有所有者不同……夫道者，惟无所

---

① 汤一介：《郭象与魏晋玄学》，北京：北京大学出版社，2000，13。
② 《列子·天瑞篇》，张湛注引何晏《老子道德论》。

有者也。自天地已来皆有所有矣；然犹谓之道者，以其能复用无所有也。"① "无所有者"即是道，"有所有者"即是万物。道是无，也是自然。何晏的《无名论》曾说："夏侯玄曰：'天地以自然运，圣人以自然用。'自然者，道也。"②道、无、自然，是玄学家替换使用的概念，三者的内涵是一致的。

王弼是曹魏时期才华横溢的青年学者，其著作现存有《老子道德经注》《老子指略》《周易注》《周易略例》《论语释疑》等。王弼说："《老子》之书，其几乎可一言而蔽之。噫！崇本息末而已矣。"③将《老子》的思想概括为"崇本息末"，体现了王弼对老子学说的总体把握。所谓本，即万物的本体、本原；所谓末，即万事万物。他在《老子指略》中反复强调，应着重理解《老子》的精神实质，而不必拘泥于个别词句。基于这种解释原则，他抓住了贯彻于《老子》中的本体论思想精髓，不受文句约束，大胆抛弃了一些不合时宜的具体结论，结合汉魏之际的时代精神进行创造性的发挥，把道家思想推进到一个新的高度。

《老子》开宗明义说："道可道，非常道。名可名，非常名。"这是《老子》本体论思想的总纲，指出作为本体的"常道""常名"比现象更为重要。王弼对此解释说："可道之道，可名之名，指事造形，非其常也。故不可道，不可名也。"④ "指事造形"，即有形有象的具体事物。而无形无象的宇宙本体，是不可道、不可名的。《老子指略》也说："夫物之所以生，功之所以成，必生乎无形，由乎无名。无形无名者，万物之宗也。"本体之所以为本体，就在于它不同于现象。相对于有形有名的具体现象而言，本体只能是"无形无名"的。这是贵无论玄学所要确立的理论前提。为了区别本体与现象，王弼进一步论证说："故可道之盛，未足以官天地；有形之极，未足以府万物。是故叹之者不能尽乎斯美，咏之者不能畅乎斯弘。名之不能当，称之不能既。名必

---

① ②《列子·仲尼篇》，张湛注引何晏《无名论》。
③ 王弼：《老子指略》（辑佚），载楼宇烈：《王弼集校释》，北京：中华书局，2012。
④ 楼宇烈：《老子道德经注校释》第一章，北京：中华书局，2009，1。

有所分，称必有所由。有分则有不兼，有由则有不尽；不兼则大殊其真，不尽则不可以名，此可演而明也。"① 可名可称者，都是具体的事物，都不可以代表全体；无名无形者，才能够统摄一切。

《老子》第一章说："无，名天地之始；有，名万物之母。"王弼解释说："凡有皆始于无，故未形无名之时，则为万物之始。及其有形有名之时，则长之、育之、亭之、毒之，为其母也。言道以无形无名始成万物，万物以始以成而不知其所以然，玄之又玄也。"无，表示无形无名的宇宙开始状态，此即是道。由无形到有形，即开始了化育万物的过程。

《老子》第四十章说："天下万物生于有，有生于无。"王弼解释说："天下之物，皆以有为生。有之所始，以无为本。将欲全有，必反于无也。"有指具体事物，无指抽象本体。王弼把老子的"有生于无"命题转化成"以无为本"，更明确地指出了本体与现象的辩证关系。

《老子》第十四章说："是谓无状之状，无物之象。"王弼解释说："无状无象，无声无响，故能无所不通，无所不往……欲言无邪，而物由以成。欲言有邪，而不见其形，故曰无状之状，无物之象也。"宇宙开始于无形无象的混一状态，这种状态既是无，又是有，是形式上的无、潜在的有。

《老子》第二十一章说："道之为物，惟恍惟惚。惚兮恍兮，其中有象；恍兮惚兮，其中有物。"王弼解释说："恍惚，无形不系之叹。以无形始物，不系成物，万物以始以成，而不知其所以然。"恍惚，也是表示无形无象的物质状态。

《老子》第三十二章说："道常无名。"王弼解释说："道，无形不系，常不可名。以无名为常，故曰道常无名也。"他在《论语释疑》中也说："道者，无之称也，无不通也，无不由也。况之曰道，寂然无体，不可为象。"作为万物本原的道，既无形象，也无名称，是无具体内涵的东西。

---

① 王弼：《老子指略》（辑佚），载楼宇烈：《王弼集校释》，北京：中华书局，2012。

由这些注释可以看出，王弼反复强调了道的无形无名特征，由此深化了对于道的把握和认识。

何晏和王弼都主张"以无为本"，强调道的本质是无，因此其学说被称为贵无论玄学。

阮籍、嵇康与何晏、王弼不同，他们没有讨论有与无的关系问题，而是以名教与自然作为基本范畴，以自然为本，以名教为末，提出了自然论玄学。

魏晋时期，人们称《老子》《庄子》《周易》为三玄。阮籍作《通老论》《达庄论》及《通易论》，对三玄思想都有所阐发。《通老论》说："圣人明于天人之理，达于自然之分，通于治化之体，审于大慎之训。故君臣垂拱，完太素之朴；百姓熙怡，保性命之和。道者法自然而为化，侯王能守之，万物将自化。"这是对老子道法自然、无为而治思想的阐述。

老子提倡"小国寡民"的理想社会，庄子描绘了无知无欲的"至德之世"。阮籍认为，伏羲、神农时代就是老庄所追求的理想社会。他在《达庄论》中评论说："使至德之要，无外而已。大均淳固，不贰其纪。清静寂寞，空豁以俟。善恶莫之分，是非无所争。故万物反其所而得其情也。""至德"的本质是自然无为，遵循这一原则，则人类社会及自然万物都会释然安逸。

《达庄论》对庄子的思想作了简略归纳与评论，认为"庄周乃齐祸福而一死生，以天地为一物，以万类为一指，无乃激惑以失贞，而自以为诚者也"。这是对庄子齐万物、等生死思想的很好概括。阮籍认为，"至道之要"就是自然无为，这是修身、处世的根本，一切有悖于斯的行为都是有害的，正所谓"作智造巧者害于物，明著是非者危于身，修饰以显洁者惑于生，畏死而荣生者失其贞"。

竹林七贤的精神领袖嵇康崇尚老庄，讲究养生服食之道。嵇康主张"越名教而任自然"的生活方式，作《养生论》及《答难养生论》，阐述自己的养生之道。

　　嵇康认为，长生久视的神仙虽然不可学得，但"至于导养得理，以尽性命，上获千余岁，下可数百年，可有之耳"。他提倡"清虚静泰，少私寡欲"的养生之道，主张"修性以保神，安心以全身；爱憎不栖于情，忧喜不留于意。泊然无感，而体气和平，又呼吸吐纳，服食养身；使形神相亲，表里俱济"①。

　　养生的最大障碍是不能舍弃各种欲望。嵇康说："世之难得者，非财也，非荣也，患意之不足耳。"不知足，就会"役身以物，丧志于欲"，对身体造成伤害。他指出，养生有"名利不灭""喜怒不除""声色不去""滋味不绝""神虑转发"这五难，"五者必存，虽心希难老，口诵至言，咀嚼英华，呼吸太阳，不能不回其操，不夭其年也。五者无于胸中，则信顺日济，玄德日全，不祈喜而有福，不求寿而自延。此养生大理之所效也。"戒除这五难，即可"顺天和以自然，以道德为师友，玩阴阳之变化，得长生之永久，任自然以托身，并天地而不朽"②。

　　无为可以养生，无为也可以治国。嵇康说："圣人不得已而临天下，以万物为心，在宥群生，由身以道，与天下同于自得。穆然以无事为业，坦尔以天下为公。虽居君位，飨万国，恬若素士接宾客也。虽建龙旗，服华衮，忽若布衣之在身也。故君臣相忘于上，烝民家足于下。"③这是典型的无为而治的道家政治理念。

　　郭象生活于西晋时期，以注《庄子》而闻名于世。玄学家重视庄子，是从阮籍、嵇康开始的。嵇康在《卜疑集》中指出了庄子与老子的不同："宁如老聃之清净微妙，守玄抱一乎？将如庄周之齐物，变化洞达而放逸乎？"老子主清净、抱一，庄子主齐物、放达，二人的思想有明显不同。阮籍在《达庄论》中说："庄周见其若此，故述道德之妙，叙无为之本，寓言以广之，假物以延之，聊以娱无为之心，而逍遥于一世。"以无为为本，以逍遥为娱，这也是庄周个性的真实写照。郭象对

---

①《嵇康集·养生论》。
②③《嵇康集·答难养生论》。

庄子作了新的解释。他在《庄子序》中说："然庄生虽未体之，言则至矣。通天地之统，序万物之性，达生死之变，而明内圣外王之道，上知造物无物，下知有物之自造也。其言宏绰，其旨玄妙。至至之道，融微旨雅；泰然遣放，放而不敖。"①郭象认为，庄子思想的主旨包括自然与社会两个方面。"通天地""序万物""达生死"即指前者，"明内圣外王之道"即为后者。所谓"上知造物无物，下知有物之自造也"，就是郭象主张的"独化"。郭象认为，一切事物的生发变化都是自己所为，"独生而无所资借"。

郭象在《庄子注》中反复表达了自己的"独化"思想。

《庚桑楚注》说："夫有之未生，以何为生乎？故必自有耳。岂有之所能有乎？此所以明有之不能为有，而自有耳。非谓无能为有也。若无能为有，何谓无乎？一无有则遂无矣，无者遂无，则有自欻生明矣。"

《知北游注》说："非惟无不得化而为有也，有亦不得化而为无矣。是以夫有之为物，虽千变万化，而不得一为无也。不得一为无，故自古无未有之时而常存也。"还说："谁得先物者乎哉？吾以阴阳为先物，而阴阳者即所谓物耳。谁又先阴阳者乎？吾以自然为先之，而自然即物之自尔耳。吾以至道为先之矣，而至道者乃至无也。既以无矣，又奚为先？然则先物者谁乎哉？而犹有物无已，明物之自然，非有使然也。"

《齐物论注》说："请问夫造物者有耶？无耶？无也，则胡能造物哉？有也，则不足以物众形。故明众形之自物，而后始可与言造物耳。是以涉有物之域，虽复罔两，未有不独化于玄冥者也。故造物者无主而物各自造。物各自造而无所待焉，此天地之正也。"

这些注文都是强调万物的生演都是自然、自为的过程，以道、有、无等解释这种过程，本质上都是一致的。

郭象通过注释《庄子》，对庄子的一些思想作了修正。如庄子认为，真正的逍遥是处于超脱一切的"无待"状态，但郭象认为，"适

---

①郭象注，成玄英疏：《庄子注疏》，曹基础、黄兰发整理，北京：中华书局，2013。

性"就是逍遥，即"物任其性，事称其能，各当其分，逍遥一也"①。庄子提倡无为，他的无为，既有顺任自然，也有无所作为之意，主张"茫然彷徨乎尘垢之外，逍遥乎无为之业"。郭象对此解释说："所谓无为之业，非拱默而已；所谓尘垢之外，非伏于山林也。"②他还说："若谓拱默乎山林之中而后得称无为者，此老庄之谈，所以见弃于当涂。"③显然，郭象不同意庄子拱默山林、远离事务的无为，而是主张"率性而动，故谓之无为"④。所谓"率性而动"，就是在顺应事物本性的情况下有所作为。

魏晋玄学是研究幽深玄远问题的学问，是形而上的思辨理论。玄学家们在崇尚老庄思想的同时，企图从理论上调和儒道两家的矛盾。道家尚自然，企图以天道规范人道，用无为而自然的必然之理取代由人的价值观念所设定的应然之理，主张放弃人为的礼法名教制度而返璞归真，恢复人的自然本性；儒家贵名教，把人的价值观念置于首位，认为人之所以区别于禽兽，不在于其自然本性，而在于其社会本性，只有以礼法名教来制约其自然本性，社会才能安定、发展。⑤玄学家们立足于时代的需要，把儒道的这种区别与矛盾，转化成一个自然与名教、儒与道能否结合的玄学问题，开展了积极的探讨。

隋唐时期，道家学说和道教受到统治者的高度重视，二者得以发展、兴盛。这一时期，道家学说受到特别尊重，道家思想被作为治国理政的重要方略而付诸实施。与此同时，道教也获得了空前的发展，一批道教学者在注释老庄过程中发展了道家思想。宋明时期，道家学说对理学的形成产生过重要影响，对国家政治也产生过一定的影响，道教宗派也继续蕃衍，出现了大量道教著作和注释道家经典的著作，道家思想在这些著作中得以延续。

---

①③郭象注，成玄英疏：《庄子注疏·逍遥游》。
② 郭象注，成玄英疏：《庄子注疏·大宗师》。
④郭象注，成玄英疏：《庄子注疏·天地》。
⑤余敦康：《魏晋玄学史》（代序），北京：北京大学出版社，2004，3。

　　以上对道家学派的形成、道家思想的演变与发展做了简略的考察。由此可以大致了解从战国至魏晋时期，道家学派及其思想发展的基本情况。道家学说从产生之后，一直伴随着中国的历史进程而延续，这一事实正说明了这种学说蕴含有某种永不磨灭的价值，这种价值是与人类社会并存的。正如儒家学说的内核对于中国历代社会都具有一定的普适性一样，道家学说的思想精华对于人类社会也是不可或缺的。在一定程度上可以说，儒道两家学说具有互补性。如果说道家主张无为，儒家则是主张有为。无论在现实生活中，还是在精神层面上，一个健全的人都需要在有为与无为之间保持一种必要的张力。个人如此，国家也如此。就国家而言，在哪些方面有为，哪些方面无为，需要有合理的安排；在一定的历史阶段，适当地采取无为政治，于国于民都是有利的。中国历史上不乏这种成功的先例。一种学说，只有其具有一定的直接或间接的现实意义时，才会受到人们的关注，才会有人对之进行研究、诠释，使之为社会所理解和吸收，并得以延续。道家学说的发展历史即是如此。

第二章

『天道无为，任物自然』
——自然无为思想

　　道是道家哲学的最高范畴，具有本体和规律两种内涵。同时，老子又赋予了道自然、无为的属性，借此论述自己对于自然现象以及人类活动的基本认识及态度。自然无为，是道家思想的核心，道家的许多观念和主张都是由此而生发出来的，例如道家提倡的见素抱朴、少私寡欲、柔弱谦让、知足不争、致虚守静等，都是自然无为的体现。老子提出"道法自然"及"道常无为"，就自然观而言，前者表达了对于宇宙万物生演变化过程的自为属性的认识，后者则表达了对于自然万物的基本态度。当然，自然无为还有丰富的社会政治及养生等方面的内涵。纵观先秦各家学说可以发现，道家和墨家是先秦诸子中最重视观察自然现象并对之进行总结、探讨的学派。先秦的宇宙演化理论、自然规律观念等多出自道家。

　　老子之后，不仅文子、庄子等道家学者对自然无为思想作了进一步论述，一些有道家倾向的学者以及道教学者对之也都有所阐发，如：东汉学者王充说："天道无为，听恣其性。"[1]东晋道士葛洪也说："天道无为，任物自然。"[2]自然无为思想是道家学说区别于其他学说的基本标志，也是道家自然观的核心内涵。自然观是对自然万物的基本看法，以及对于人与自然界关系的认识，道家对这两方面的认识都体现出明显的自然无为思想。

---

①《论衡·自然》。
②《抱朴子·塞难》。

一、道法自然

考察先秦经典文献可以发现，"自然"一词最早出现于《老子》中。《诗经》《易经》《尚书》《左传》《论语》中，均无"自然"一词。今本《老子》中，"自然"出现了五次。[①]老子用"自然"概念表示事物本来的样子、本原状态，也表示事物自己如此、自然而然，意在强调事物的自然、自为本性。有学者统计，"自然"一词在《庄子》中出现了八次，《韩非子》中出现了七次，《列子》中出现了六次，《鹖冠子》中出现了四次，《尹文子》及《慎子》中均出现了两次，《管子》中出现了一次。[②]此外，《文子》及《论衡》中皆设有"自然篇"。这些著作多为道家经典，《管子》《韩非子》及《论衡》虽非道家著作，但其中也有专门阐发道家思想的相关篇章。这种现象说明，老子之后，"自然"一词成为表述道家思想的重要范畴。

1. 老子和庄子论自然

老子和庄子对"自然"概念作了充分的论述。

《老子》第二十五章说，道是天地万物之母，道、天、地、王为宇宙中的"四大"，强调"人法地，地法天，天法道，道法自然"。王弼注云："法，谓法则也。人不违地，乃得全安，法地也。地不违天，乃得全载，法天也。天不违道，乃得全覆，法道也。道不违自然，乃得其性，法自然也。法自然者，在方而法方，在圆而法圆，于自然无所违也。自然者，无称之言，穷极之辞也。"[③]所谓"无称之言，穷极之辞"，即无法再做进一步表述了。自然，就是事物的本然状态。西汉《老子道德经河上公章句》第二十五章说："人当法地安静和柔也，种之

---

① 萧无陂：《自然的观念》，长沙：湖南人民出版社，2010，39。
② 萧无陂：《自然的观念》，长沙：湖南人民出版社，2010，143~144。
③ 王弼：《老子道德经注》，第二十五章。

得五谷，掘之得甘泉，劳而不怨，有功而不置。天湛泊不动，施之不求报，生长万物，无所收取也。道清净不言，阴行精气，万物自成也。道性自然，无所法也。"老子所说的"自然"，即自己如此，自然而然。"道法自然"，即道本性自然，无所效法。人、地、天都效法道，而道性自然，也即这三者皆以自然为法。老子由此强调：天地万物都是自然、自为的存在；人法自然，就是遵循事物的本性，任其自然变化，不加干预。王弼说："《老子》之文，欲辩而诘者，则失其旨也；欲名而责者，则违其义也。故其大归也，论太始之原以明自然之性；演幽冥之极以定惑罔之迷。"①此言深得《老子》旨意。道是太始之原，也具自然之性，既具有本体论内涵，也反映了宇宙万物的自然属性。

宇宙万物生生不息，是由哪些因素决定的？《老子》第五十一章说："道生而德畜之，物形而器成之。是以万物莫不尊道而贵德。道之尊，德之贵也，夫莫之爵而恒自然也。故道生之畜之，长之育之，亭之毒之，养之覆之。生而弗有也，为而弗恃也，长而弗宰也，此之谓玄德。"通行的《老子》王弼本，"器"作"势"。王弼注曰："物生而后畜，畜而后形，形而后成。何由而生？道也。何得而畜？德也。何因而形？物也。何使而成？势也。唯因也，故能无物而不形；唯势也，故能无物而不成。"生是创生，畜是养育。老子用道和德说明万物的生演变化。道生万物之后，又内在于万物之中，成为万物各自的本性。道在具体事物中的体现即是德。王弼说："道者，物之所由也。德者，物之所得也。"万物由道而生，由德而育，因物而形，因势而成，各自生长变化，是一个自然过程。道德虽然生养万物，但对万物不加干预，而是任其自我化育，自我完成。老子称这种德为"玄德"。"玄德"是无施主之德。王弼注曰："不塞其原，则物自生，何功之有？不禁其性，则物自济，何为之恃？物自长足，不吾宰成；有德无主，非玄而何？"②可见，"玄德"是自然无为思想的充分体现。

---

① 王弼：《老子指略》，载楼宇烈：《老子道德经注校释》，北京：中华书局，2009，196。
② 王弼：《老子道德经注》，第十章。

老子借用道德概念对宇宙万物生化现象的论述及其所表达的思想认识，在先秦思想史上具有突出的地位，在先秦诸子关于自然观的论述中，无出其右者。现在，人们把人类社会之外的存在称为自然界，这种认识的渊源即可以追溯到老子。指出宇宙万物的生演变化是一个自然过程，与天神、上帝无关，这与殷周时期的天神崇拜和迷信相比，是一个历史性的巨大进步，是中华文明进入理性时代的重要标志之一。

道生长万物，养育万物，使万物各得其所、各任其性，而不加干预。庄子学派继承了老子的这种思想。

司马迁说："庄子散道德，放论，要亦归之自然。"[1]司马迁说的"自然"，指庄子的自然无为思想。《庄子》中有不少内容表达了对于自然界的认识，由此反映了庄子及其后学的基本自然观。

天地万物何以生生不息、运动不已？这是人类一直关注的问题。《庄子·天运》篇提出："天其运乎？地其处乎？日月其争于所乎？孰主张是？孰维纲是？孰居无事推而行是？意者其有机缄而不得已邪？意者其运转而不能自止邪？云者为雨乎？雨者为云乎？孰隆施是？孰居无事淫乐而劝是？风起北方，一西一东，有上彷徨，孰嘘吸是？孰居无事而披拂是？敢问何故？"这一系列的设问是要说明，天运地处、日月交替、风雨变幻，都是自己为之，自然如此，没有什么原因使它们运动。郭象注说：这一切都是"自尔之故"。成玄英疏云："皆自尔耳，无物使之然也。"[2]以自然的原因说明自然界的运动变化，这是客观的、合理的。

宇宙万物，"量无穷，时无止，分无常，终始无故"，[3]如何看待它们？《庄子·秋水》篇回答说："以道观之，何贵何贱，是谓反衍……万物一齐，孰短孰长？道无终始，物有死生，不恃其成；一虚一盈，不位乎其形。年不可举，时不可止；消息盈虚，终则有始。是所以

①《史记》卷六十三。
②郭象注，成玄英疏：《庄子注疏·天运》。
③《庄子·秋水》。

语大义之方，论万物之理也。物之生也，若骤若驰，无动而不变，无时而不移。何为乎？何不为乎？夫固将自化。"庄子认为，以道的观点看，物无所谓贵贱，贵贱是相互转化的；万物齐一，无所谓短长。道虽然没有终始，但万物有生死变化，不能以其一时所成判定是非。并且认为，万物时盈时虚，没有固定的形态；时间不停地流失，万物无时不在变化，这一切都是"自化"、自然的过程。

《庄子·天道》篇说："天地固有常矣，日月固有明矣，星辰固有列矣，禽兽固有群矣，树木固有立矣。"这也是强调自然万物的运动变化有其固有的属性和规律，希望人们"放德而行，循道而趋"，遵循事物的自然本性。

先秦文献中有不少关于不同生物相互转化的描述，反映了古人的一种自然观。《夏小正》是中国最早记载物候变化与农事活动的文献，其中说："正月，鹰则为鸠""三月，田鼠化为鴽""五月，鸠为鹰""八月，鴽为鼠"。为，即化为；鹰即苍鹰，是冬候鸟；鸠即杜鹃，是夏候鸟；前者消失时，正好是后者出现的季节，因此古人认为后者是由前者化生而来。鴽是鹌鹑之类的候鸟，三月在田间活动频繁，八月飞去，此时正值庄稼收获之际，田鼠在田间非常活跃，因此古人认为田鼠与鴽的交替出现是二者相互化生的结果。《夏小正》还说："九月，雀入于海为蛤""十月，玄雉入于淮为蜃"。雀是黄雀；雉是野鸡；蛤即蛤蜊；蜃即大蛤。这是认为鸟类化为了贝类。《夏小正》所描述的这些生物化生现象，都是假象，是古人对物候现象产生的误解。不过，这类描述在先秦典籍中比较多见。《国语》有"雀入于海为蛤，雉入于淮为蜃"[①]之说；《列子》有"淮水中黄雀至秋化为蛤，春复为黄雀"[②]之说。《墨经》在举例说明化字的涵义时说："化，若蛙为鹑。"又说："蛙鼠，化也。"意谓青蛙可以化为鹌鹑，也可以化为田鼠。《山海经》也有不少这类描述，《北山经》说炎帝之女游于东海，化为精卫

---

① 《国语·晋语九》。
② 《列子·天瑞》。

鸟，常衔西山之木石以填东海；《西山经》说一种名为钦䲹的鸟"化为大鹗，其状如雕而黑文白首"；《大荒西经》说"蛇化为鱼，是谓鱼如"。《庄子·逍遥游》也说："北冥有鱼，其名为鲲"，"化而为鸟，其名为鹏。"这些内容说明，先秦古人认为，不同生物之间可以发生由此及彼的转化。《庄子·寓言》篇对这种观念进行了概括："万物皆种也，以不同形相禅，始卒若环，莫得其伦，是谓天均。"意谓万物种类不同，以不同的形态相传接，是一个循环无端的自然过程。

《庄子·至乐》篇描述了一个不同生物循序转化的链条，其文云："种有几，得水则为䃳。得水土之际，则为蛙蝴之衣。生于陵屯，则为陵舄。陵舄得郁栖，则为乌足。乌足之根为蛴螬，其叶为胡蝶。胡蝶，胥也，化而为虫，生于灶下，其状若脱，其名为鸲掇。鸲掇千日为鸟，其名曰干余骨。干余骨之沫为斯弥。斯弥为食醯。食醯生乎颐辂，颐辂生乎黄轵，黄轵生乎九猷，九猷生乎瞀芮，瞀芮生乎腐蠸，腐蠸生乎羊奚，羊奚比乎不箰。久竹生青宁，青宁生程，程生马，马生人。人又反入于机。万物皆出于机，皆入于机。"①这段文字，历来解释各异，其中不少动植物名称今已难以确知其究竟是什么东西。关于"种有几"，学术界给出了三种解释：一是物种的变化有多少；如郭象注云："变化种类，不可盛计。"二是"几"作"机"；如陶鸿庆说："几当读为机。"三是物种中有一种极其微小的东西叫做"几"；如马叙伦说："此几字谓万物之种也。几者，《说文》曰：'微也。从二幺，幺小也，从二幺，故为微也。'"②胡适也说："'种有几'的几字，绝不作几何的几字解。当作'几微'的几字解。《易·系辞传》说：'几者，动之微，吉凶之先见者也。'正是这个几字。几字从丝，丝字从幺，本象生物胞胎之形。我以为此处的几字，是指物种最初时代的种子。"③因此，

①引文中有两句文字与通行本不同，参见高亨：《诸子新笺》，济南：山东人民出版社，1961，77～91。
②陈鼓应：《庄子今注今译》，北京：中华书局，2009，495。
③胡适：《中国哲学史大纲》，北京：团结出版社，2006，229。

胡适认为,这段文字表达的是生物由低级向高级的进化过程。胡适的理解,未免过于现代化。从字面上看,这段文字表达的是生物循环转化思想,与《寓言》篇所说的"以不同形相禅"是一致的。《至乐》篇作者认为,不同物种之间存在相互联系,彼此可以发生转化。《庄子》这里表达的是一种有机论自然观。

《庄子》中,《德充符》《田子方》《渔父》等篇都使用了"自然"一词,用以表达事物或人的自然本性。如《田子方》说:"夫水之于汋也,无为而才自然矣。"意谓水的澄湛之性是其自然本性。《渔父》篇说,人的真诚之性受自于天,是"自然不可易"的。《庄子》中《骈拇》《马蹄》《胠箧》《在宥》等篇,虽然未用"自然"一词,但其基本内容表达的也都是提倡尊重事物的自然本性,主张一切返归自然,反对人为干预的思想。

老子和庄子以自然的观点解释宇宙万物的生演变化,强调自然现象的自发性、自为性,"推翻了神的创造说与主宰说,这在人类思想史上迈进了一大步。"①

2. 文子和王充论自然

文子是老子的弟子,继承和发展了老子的思想。王充虽非道家,但对道家思想非常推崇,有明显的道家倾向。他们二人在自己的著作中都列有《自然》篇,专门阐述自然无为思想。

现存《文子》一书,集中体现了文子的思想。其中《精诚》篇说:"天设日月,列星辰,张四时,调阴阳,日以暴之,夜以息之,风以干之,雨露以濡之。其生物也,莫见其所养而万物长;其杀物也,莫见其所丧而万物亡;此谓神明。"天,即大自然。神明表示大自然设列日星、播施风雨、生化万物的能力,也表示道的性能。《自然》篇说:"夫道者,体圆而法方,背阴而抱阳,左柔而右刚,履幽而戴明,变化

---

①陈鼓应:《庄子今注今译》,北京:中华书局,2009,380。

无常，得一之原，以应无方，是谓神明。"道，方圆毕具，包含阴阳，刚柔相济，履戴幽明，以一应万，变化无方，因此以"神明"称之。道家以道表示大自然生化万物的能力，赋予其应有尽有的各种性质。文子以神明形容道的性能，既是强调道所具有的非凡能力，也是强调道的自然属性。

《文子·自然》篇描述天地生衍万物的过程时说："天圆而无端，故不可得而观其形；地方而无涯，故莫能窥其门。天化遂，无形状；地生长，无计量。夫物有胜，唯道无胜。所以无胜者，以其无常形势也。轮转无穷，象日月之运行，若春秋之代谢，日月昼夜，终而复始，明而复晦。制形而无形，故功可成。物物而不物，故胜而不屈。"其中，"化遂"，即化育；前三个"胜"字，当为"朕"。《淮南子·兵略训》有一段与此相同的文字即作"朕"。朕，为兆迹。天地化生万物，也就是道化生万物。万物有征兆，有形象，道无形象。万物的生演是终而复始、永不停息的过程，只有无形的道可以推动这一过程。把万物运动的原因归之于道，强调的还是其自然本性。《精诚》篇说："天致其高，地致其厚，日月照，列星朗，阴阳和，非有为焉，正其道而物自然。阴阳四时，非生万物也；雨露时降，非养草木也；神明接，阴阳和，万物生矣。"又说："冬日之阳，夏日之阴，万物归之而莫之使，极自然至精之感，弗召自来，不去而往，窈窈冥冥，不知所为者而功自成。"这些论述都是要说明，宇宙万物的生化是一个自然过程。

《淮南子》中也有不少关于道家自然观念的论述，内容与《文子》类似。

西汉董仲舒提出天人感应说之后，得到大小夏侯、京房、刘向等一批学者的推崇，也得到了汉武帝等统治者的支持，在社会上产生了很大影响。王充作《论衡》，以道家的自然观念驳斥天人感应学说，揭露其虚假性。有学者指出："《论衡》全书就是披露天人感应说的荒诞。用自然主义为其理论的出发点。"[1]所谓自然主义，即道家的自然观念。

---

[1] 黄晖：《论衡校释·自序》，北京：中华书局，2011，1。

在今天看来，自然主义是最为朴素、客观的宇宙观，既无深意，也不新鲜。但在科学认识水平低下的古代则不然，人们相信天人感应观念。这种观念认为，自然界的一切现象和变化都是上天意志的体现，人类社会的行为也受天的监督，如果行为不当，上天则会以灾变的方式予以警示或惩罚。天与人的关系，是控制与被控制的关系。这种观念既是明显荒谬的，也是与道家的自然无为理念背道而驰的，因此，王充对之进行了反复批判。

《论衡·自然》篇着重讨论了天人关系，其中列举了大量事例反复说明，自然界发生的事情与人无关，是自然行为。该篇说："天地合气，万物自生，犹夫妇合气，子自生矣。万物之生，含血之类，知饥知寒。见五谷可食，取而食之；见丝麻可衣，取而衣之。"如果"以为天生五谷以食人，生丝麻以衣人，此谓天为人作农夫桑女之徒"，是"不合自然，故其义疑，未可从也"。王充进一步论述说："天者，普施气万物之中，谷愈饥而丝麻救寒，故人食谷、衣丝麻也。夫天之不故生五谷、丝麻以衣食人，由其有灾变不欲以谴告人也。物自生而人衣食之，气自变而人畏惧之。"若认为这些都是有意为之，则"自然焉在？无为何居"？

有人说："凡动行之类，皆本（无）有为①。有欲故动，动则有为。今天动行与人相似，安得无为？"王充反驳说："天之动行也，施气也，体动，气乃出，物乃生矣……天动不欲以生物，而物自生，此则自然也。施气不欲为物，而物自为，此则无为也。谓天自然无为者何？气也。"他强调天无口目，无手足，所发生的一切变化都是自然的。"自然之化，固疑难知，外若有为，内实自然。"他举例说："春观万物之生，秋观其成，天地为之乎？物自然也。如谓天地为之，为之宜用手，天地安得万万千千手，并为万万千千物乎？"

道家论自然，多以哲学思辨的方式，很少结合具体事例，因而不易使人信服。王充发现了这种不足，他说："道家论自然，不知引物事

---

①此句中"无"字为衍文，参见黄晖《论衡校释》，北京：中华书局，2011，776。

以验其言行，故自然之说未见信也。"王充认为，不仅要结合具体事物进行论述，而且在强调自然的过程中，也应针对具体情况辅以人为的作用。他指出："然虽自然，亦须有为辅助。"如"耒耜耕耘，因春播种者，人为之也；及谷入地，日夜长大，人不能为也。或为之者，败之道也"。对于有些事物，不能只依赖于自然，也需要适当的人为帮助，如需要播种才能有五谷生长和收获。

农作物春生、夏长、秋成、冬藏。王充认为，不是春有意生、夏有意长，而是农作物随着阴阳二气的兴衰变化，自生、自长、自成、自藏。"天道无为，故春不为生，而夏不为长，秋不为成，冬不为藏。阳气自出，物自生长；阴气自起，物自成藏。"①阳气主生，阴气主杀，二者在自然界呈周期性消长变化，万物因此而有生有杀。这是自然过程，并非天道有意为之。

王充在《自然》篇中反复强调："天道无为，听恣其性"；"无心于为而物自化，无意于生而物自成"。《论衡》的其他篇章，如《变虚》《异虚》《感虚》《福虚》《祸虚》《寒温》《谴告》《变动》《招致》《明雩》《乱龙》《感类》等等，都揭露了儒家天人感应、阴阳灾异之说的虚妄性，论述了天道自然的合理性。

从老子提出自然观念，到王充以这种观念为武器自觉地对天人感应观念予以有力的批驳，反映了上古时期自然观认识的明显进步，也体现了道家这一思想的历史价值。

二、道常无为

老子主张"道法自然""道常无为"。如果说自然表达了道家对于事物的自发、自为本性的认识，那么，无为则表达了道家对待事物的基

---

① 王充：《论衡·自然》。

本态度及处理方式。人法自然，就是无为，无为就是顺任自然。自然是无为的根据，无为是自然的体现。道家所说的无为，既不是无所作为，也不是无所不为，而是不妄为。

人需要处理两种关系，即人与人的关系和人与物的关系。后者即包含了人与自然界的关系。以无为的方式处理人与物的关系，是道家自然观的运用和体现。

1. 老子和庄子论无为

老子和庄子学派都对无为的内涵和意义进行了反复的论述。

老子说："天地不仁，以万物为刍狗。"[1] 天地无偏无私，任由万物自然生长。这里强调的是"自然无为"思想。王弼注释说："天地任自然，无为无造，万物自相治理，故不仁也。仁者必造立施化，有恩有为。造立施化，则物失其真。有恩有为，则物不具存。""无为"，就是任由事物自己运行，不加主观干扰，不强作妄为。

"无为"一词，在老子之前即已存在，《诗经》中已有之。《国风·陈风·泽陂》："彼泽之陂，有蒲与荷。有美一人，伤如之何？寤寐无为，涕泗滂沱……"这是一首爱情诗，思念美人，以至于无论醒着还是梦中，都涕泪横流。其中的无为，是无论、无所谓的意思。《国风·王风·兔爰》："有兔爰爰，雉离于罗。我生之初，尚无为，我生之后，逢此百罹。"其中的无为，即无所作为。《大雅·生民之什·板》："天之方懠，无为夸毗。威仪卒迷，善人载尸。"其中的无为，是不为、不做之意。可见，《诗经》中的"无为"，还是一个普通的词语。《老子》中的"无为"，已是一个重要的哲学概念。

"无为"一词在通行本《老子》中出现十二次[2]，而无为观念则遍布全书。难怪有学者认为，老子著书立说，最大的动机和目的就在于

---

[1]《老子》，第五章。
[2] 刘笑敢：《老子古今：五种对勘与析评引论》（上卷），北京：中国社会科学出版社，2005，607。

发挥无为的思想，甚至其形而上学也是基于无为思想而创设的。①老子说："道常无为而无不为，侯王若能守之，万物将自化。"②这是把顺任自然的无为之道落实到社会政治活动中。《老子》中凡是谈到"无为"的地方，基本上都是表达政治主张。如：

第二章："是以圣人居无为之事，行不言之教。万物作而弗始也，生而弗有，为而弗恃也，功成而弗居也。"

第三章："圣人之治也……恒使民无知、无欲也，使夫智者不敢为，弗为而已，则无不治矣。"

第三十八章："上德无为而无以为。"

第四十七章："是以圣人不行而知，不见而明，弗为而成。"

第四十八章："为学者日益，为道者日损，损之又损，以至于无为，无为而无不为。"

第六十四章："为之者败之，执之者失之。是以圣人无为也，故无败也；无执也，故无失也。"

老子说："上德不德，是以有德。下德不失德，是以无德。上德无为而无以为。下德无为而有以为。"③上德之人对待事物，因任自然，不加干预，不表现为有所偏爱，这是真正有德的表现；下德之人对待事物表现为有所偏爱，实则无德。④具有"上德"的人，也就是老子所说的"圣人"。《老子》第五章说："天地不仁，以万物为刍狗；圣人不仁，以百姓为刍狗。""天地不仁"，即天地对待万物无所偏爱。刍狗，是祭祀时使用的以草扎成的狗，用后即弃之。"夫刍狗之未陈也，盛以箧衍，巾以文绣，尸祝斋戒以将之。及其已陈也，行者践其首脊，苏者取而爨之而已。"⑤天地无所偏爱，任由万物自然生长，故以万物

---

①陈鼓应：《老庄新论》，北京：商务印书馆，2008，154。
②王弼本《老子》，第三十七章。
③《老子》，第三十八章。
④陈鼓应：《老子注译及评介》，北京：中华书局，2003，212～216。
⑤《庄子·天运》。

为刍狗；圣人也应取法天地，视百姓为刍狗，让其自由自在地生活，不加干预。

老子反复强调无为的重要性，认为"我无为而民自化，我好静而民自正，我无事而民自富，我无欲而民自朴"①。以无为的态度对待事物如此重要，但人们往往意识不到其重要性，因此，老子感叹说："吾是以知无为之有益也。不言之教，无为之益，天下希能及之矣。"②

老子说：圣人"辅万物之自然，而弗敢为"③。道家所说的圣人，指有道的人。有道的人辅助万物的自然发展而不加以干预，这即是无为。

老子提倡的无为，并非什么都不做，而是不要妄为。要达到"无为而无不为"的效果，就不能什么都不做。"无为"是手段，"无不为"是目的。《老子》第三章说"弗为而已，则无不治"，道理也是如此。帛书本《老子》的这句话，在通行本中作"为无为，则无不治"。"为'无为'"，是以"无为"的态度去"为"。可见，老子并不反对人的作为。《淮南子·原道训》说："所谓无为者，不先物为也；所谓无不为者，因物之所为。所谓无治者，不易自然也；所谓无不治者，因物之相然也。"这种解释比较符合《老子》的本意。《老子》第二章说："为而弗恃也，功成而弗居也。"第八十一章说："人之道，为而弗争。"表达的都是鼓励人去"为"，去成就一番事业。他只是强调不要违背事物本性的恣意妄为。

庄子及其后学继承了老子的无为思想。《庄子·应帝王》说："游心于淡，合气于漠，顺物自然而无容私焉，而天下治矣。""无容私"，即没有自己的主观臆断。这是无为而治的理念。《应帝王》是《庄子》内篇的最后一篇，反映的是庄子的思想。《庄子》外篇和杂篇都有不少提倡自然无为的论述，反映了庄子学派的思想。

庄子学派认为，随着社会的演进，人类会不断地侵害事物的自然

---

① 《老子》，第五十七章。
② 《老子》，第四十三章。
③ 《老子》，第六十四章。

本性，也会逐渐丧失自己的自然本性。因此，他们主张人类应当回复到太古的"至德之世"。《胠箧》《马蹄》《天地》《缮性》等篇都有对"至德之世"的描述，如《天地》篇说："至德之世，不尚贤，不使能；上如标枝，民如野鹿；端正而不知以为义，相爱而不知以为仁，实而不知以为忠，当而不知以为信，蠢动而相使，不以为赐。是故行而无迹，事而无传。"这种社会，贤当其位，能者自为，居上而无为，居下而淳朴，一切行为皆出于自然。人的行为如此，对待宇宙万物也会如此。这是庄子学派的理想社会。

《缮性》篇描述了随着社会的发展，人的淳朴德性不断退化的过程："古之人，在混芒之中，与一世而得澹漠焉。当是时也，阴阳和静，鬼神不扰，四时得节，万物不伤，群生不夭，人虽有知，无所用之，此之谓至一。当是时也，莫之为而常自然。逮德下衰，及燧人、伏羲始为天下，是故顺而不一。德又下衰，及神农、黄帝始为天下，是故安而不顺。德又下衰，及唐、虞始为天下，兴治化之流，浇淳散朴，离道以善，险德以行，然后去性而从于心。心与心识知，而不足以定天下，然后附之以文，益之以博。文灭质，博溺心，然后民始惑乱，无以反其性情而复其初。"上古之世，一切处于茫昧之中，阴阳和顺，四时应节，万物和谐，众生兴旺，人有智而无用，无为而顺其自然；到了燧人、伏羲之世，开始以有为的手段治理天下，只能顺随民心，却不能返回纯一的境地，道德开始下降；再到神农、黄帝之世，社会虽然安定，但德性更衰，为弊日增；到了尧舜之世，提倡仁义，施行教化，使得淳朴散失，人心惑乱。因此，在庄子学派看来，远古的"至德之世"才是最理想的社会。《天地》篇也说："玄古之君天下，无为也，天德而已矣……古之畜天下者，无欲而天下足，无为而万物化，渊静而百姓定。"这些论述都是提倡无为而治。

《庄子》中有不少篇章宣扬天道无为，主张人道应效法天道。《至乐》篇说："天无为以之清，地无为以之宁，故两无为相合，万物皆化。芒乎芴乎，而无从出乎。芴乎芒乎，而无有象乎。万物职职，皆从无为殖。故曰：天地无为也而无不为也。人也，孰能得无为哉。"《知北游》也说："天地有大美而不言，四时有明法而不议，万物有成理而不说。圣人者，原天地之美而达万物之理。是故至人无为，大圣不作，观于天地之谓也。"天地万物都无为而化，不言而应，人也应师法天地，无为而无不为。

《庄子·天道》篇集中论述了"无为"的重要性，其中说："夫虚静恬淡寂漠无为者，天地之本，而道德之至，故帝王圣人休焉。休则虚，虚则实，实则备矣。虚则静，静则动，动则得矣。静则无为，无为也则任事者责矣。无为则俞俞，俞俞者忧患不能处，年寿长矣。夫虚静恬淡寂漠无为者，万物之本也。明此以南乡，尧之为君也；明此以北面，舜之为臣也。以此处上，帝王天子之德也；以此处下，玄圣素王之道也。以此退居而闲游，则江海山林之士服；以此进为而抚世，则功大名显而天下一也。静而圣，动而王，无为也而尊，朴素而天下莫能与之争美。"其中，俞俞犹愉愉，形容安逸的样子。虚静、恬淡、寂漠、无为，是天地万物的本原、道德的极致。所以，帝王、圣人即安心于这种境界。虚静、无为不仅可以使人长寿，而且也是为君为臣、进取功名之道，也是退隐江湖之道。总之，秉持"无为"行事，一切都可以获得理想的结果。

《在宥》篇说："故君子不得已而临莅天下，莫若无为。无为也，而后安其性命之情。"国家实行无为而治，民众才能安定性情。《至乐》篇说："至乐活身，唯无为几存。"快乐可以愉悦身心，只有无为的生活方式才可以得到快乐。这些都是说明"无为"对于治国、修身的重要性。

庄子主张无为，但《在宥》篇有一段文字主张君道无为，而臣道有为："无为而尊者，天道也；有为而累者，人道也。主者，天道也；臣者，人道也。"《天道》篇也说："夫帝王之德，以天地为宗，以道德为主，以无为为常。无为也，则用天下而有余；有为也，则为天下用而不足。故古之人贵夫无为也。上无为也，下亦无为也，是下与上同德。

下与上同德则不臣。下有为也，上亦有为也，是上与下同道。上与下同道则不主。上必无为而用天下，下必有为为天下用。此不易之道也。"其中，"上"指君工，"下"指臣民。君工无为，臣民有为，这是黄老道家提倡的政治主张。这类内容反映了庄子后学受到了黄老道家思想的影响。

《文子·自然》篇对"无为"有明确定义："所谓无为者，非谓其引之不来，推之不去，迫而不应，感而不动，坚滞而不流，卷握而不散。谓其私志不入公道，嗜欲不挂正术，循理而举事，因资而立功，推自然之势，曲故不得容，事成而身不伐，功立而名不有。""曲故"，即巧诈。"循理而举事"，可谓是"无为"的本质。"理"是事物的本性和道理，体现了"自然之势"。依照事物的本性行事，就是"无为"。该篇举例说："若夫水用舟，沙用鸠，泥用辒，山用樏，夏渎冬陂，因高为山，因下为池，非吾所为也。"[①]

《淮南子·修务训》对"无为"与"有为"也给予了明确区分，其中说：所谓无为，并非"寂然无声，漠然不动，引之不来，推之不往"，而是利用事物的自然本性，因势而为，使之达到最好的效果。如"水之用舟，沙之用鸠，泥之用辒，山之用纍，夏渎而冬陂，因高为田，因下为池"之类，这些顺应事物自然本性的行为，是用依其道，就是"无为"。那种"以火熯井，以淮灌山"之类违背事物本性的行为，是"用己而背自然，故谓之有为"[②]。所以，"有为"与"无为"的区别，不在于"为"还是"不为"，而在于是否遵循事物的自然本性去"为"。

由上述可以看出，《文子》及《淮南子》对"无为"与"有为"的论述，内涵更为明确。老子的"无为"概念虽然含有不妄为的意思，但不够明确，容易使人误解为"不为"。黄老道家把"无为"看作不违背自然规律的行为，不仅使其内涵更为明确，也扩大了其适用范围，更容易为人们所理解和接受。由此也反映了道家思想的发展变化。

---

① 《文子·自然》。
② 《淮南子·修务训》。

2. 黄老道家论静因之道

庄子学派和黄老学派，是战国中后期影响最大的两个道家学派。黄老道家的一个重要特点是"以虚无为本，以因循为用"[①]，主张"静因之道"。静因思想，是黄老道家对老子自然无为思想的继承与发展。

在道家哲学中，"因"是一个重要概念。春秋末期的《老子》中未提及"因"，但战国时期的道家著作屡次言"因"。《黄老帛书》论及"因"字二十三次，《庄子》中则有五十三次之多。这些"因"字的主要含义是"顺任自然"，但并非独立的概念。在《管子》的《内业》《白心》《心术》上下篇中，"因"已成为独立的哲学概念。《心术上》不仅对"因"有明确的界说，而且提出了"静因之道"和"道贵因"思想。此外，《文子》提出"因即大，作即小"。《慎子》有《因循》篇，《吕氏春秋》有《贵因》篇，都对静因之道进行了论述。

《心术上》说："无为之道，因也。因也者，无益无损也。以其形，因为之名，此因之术也。""因"体现的是无为之道。所谓"因"，是尊重事物的自然本性，无益无损，不改变其本有的状态。该篇强调："因也者，舍己而以物为法者也。"这是对"因"概念的明确界定。"舍己而以物为法"，就是摒弃主观私见，遵循事物的本性。这与自然无为是一致的。

黄老道家的静因之道，主要是针对社会政治而言的。《心术上》说："是以君子不怵乎好，不迫乎恶，恬愉无为，去智与故。其应也，非所设也；其动也，非所取也。过在自用，罪在变化。是故有道之君，其处也若无知，其应物也若偶之，静因之道也。"为君者，不为好恶所动，恬淡愉悦，清静无为，不事巧诈；应对事物，不主观预设；行为举动，不妄自索取。有道之君，自处若无智虑，应事似天然契合，这就是"静因之道"。静因之道并非要人无所作为，而是做到"感而后应，非所设也。缘理而动，非所取也"。有感而应，依理而动，就是遵循事物

[①]《史记·太史公自序》。

的本性及规律行事。黄老道家极力反对主观自用和随意改变事物，强调"过在自用，罪在变化。自用则不虚，不虚则忤于物矣；变化则为生，为生则乱矣，故道贵因"[①]。

《心术上》还说："因者，因其能者，言所用也。"意谓发挥其特长而用之。这是黄老道家提倡的用人、用物之道。对此，《慎子·因循》篇有更充分的论述，其中说："天道，因则大，化则细。因也者，因人之情也。人莫不自为也，化而使之为我，则莫可得而用矣……故用人之自为，不用人之为我，则莫不可得而用矣。此之谓因。"[②] 化，是改变。自为，即为自己。改变人的为己，使之为我，这样做违背了人之情理。聪明的做法是让其在"自为"的过程中"为我"所用。这是"因人之情"，也是静因之道。

《文子》一书反映的也是黄老道家思想，对静因之道进行了反复论述。《道原》篇说："故先王之法，非所作也，所因也；其禁诛，非所为也，所守也。故能因即大，作即细；能守即固，为即败。夫任耳目以听视者，劳心而不明；以智虑为治者，苦心而无功。任一人之材，难以至治，一人之能，不足以治三亩之宅。循道理之数，因天地自然，即六合不足均也。"一个人的能力是有限的，做不了多少事情，只有遵循自然规律、顺应天地之性，才能无往而不胜。

《文子·自然》篇对静因之道作了全面论述，其中说："以道治天下，非易人性也，因其所有而循畅之。故因即大，作即小。古之渎水者，因水之流也；生稼者，因地之宜也；征伐者，因民之欲也。能因则无敌于天下矣。物必有自然，而后人事有治。故先王之制法，因民之性而为之节文。无其性，不可使顺教；有其性，无其资，不可使遵道。"这里强调的循道行事，就是因循事物的本性加以引导。治水，因水之性；植禾，因地之宜；征伐，随民之愿。事物都有其自然本性，因而治之，即可收到事半功倍之效。所以说"因即大，作即小"。

---

①《管子·心术上》。
②许富宏：《慎子集校集注》，北京：中华书局，2013，24。

　　吕不韦组织门客所作《吕氏春秋》，虽然吸纳了儒、道、墨、法、阴阳、兵、农等诸家思想，但"此书所尚，以道德为标的，以无为为纲纪"①，主旨属于黄老道家。是书设《贵因》篇，对"因"的作用作了专门论述。其中说："三代所宝莫如因，因则无敌。禹通三江五湖，决伊阙，沟回陆，注之东海，因水之力也。舜一徙成邑，再徙成都，三徙成国，而尧授之禅位，因人之心也。汤、武以千乘制夏、商，因民之欲也。如秦者立而至，有车也；适越者坐而至，有舟也。秦、越，远涂也，竫立安坐而至者，因其械也。"以因之道治国，则无敌于天下；以因之道治水，则消除水患；因车舟而行，则可以致远。在《贵因》篇的作者看来，察天时，推律历，都是"因"的过程，即"夫审天者，察列星而知四时，因也；推历者，视月行而知晦朔，因也"。可见，"因"是在遵循事物本性的条件下，对事物的合理利用。为了达到一定的目的，就要因势利导，灵活运用，《贵因》篇举例说："禹之裸国，裸入衣出，因也；墨子见荆王，锦衣吹笙，因也；孔子道弥子瑕见厘夫人，因也；汤、武遭乱世，临苦民，扬其义，成其功，因也。故因则功，专则拙。因者无敌。"

　　《吕氏春秋》其他篇章对"因"也有论述，如：

　　《任数》："古之王者，其所为少，其所因多。因者，君术也；为者，臣道也。为则扰矣，因则静矣。因冬为寒，因夏为暑，君奚事哉？"

　　《顺说》："善说者若巧士，因人之力以自为力，因其来而与来，因其往而与往，不设形象。与生与长，而言之与响；与盛与衰，以之所归。力虽多，材虽劲，以制其命。顺风而呼，声不加，疾也；际高而望，目不加，明也。所因便也。"

　　《决胜》："凡兵，贵其因也。因也者，因敌之险以为己固，因敌之谋以为己事。能审因而加，胜则不可穷矣。"

---

① 高诱：《吕氏春秋·序》。

　　由上述可见，"因"不是消极无为，而是在尊重客体自然本性的前提下最大限度地利用其为主体服务。这是一种哲学，也是一种处世智慧，可用于处理人与人的关系，更可用于处理人与自然界的关系。

　　《淮南子·泰族训》对"静因之道"作了很好的总结，其中说："天地四时，非生万物也，神明接，阴阳和，而万物生之。圣人之治天下，非易民性也，拊循其所有而涤荡之，故因则大，化则细矣。禹凿龙门，辟伊阙，决江浚河，东注之海，因水之流也。后稷垦草发菑，粪土树谷，使五种各得其宜，因地之势也。汤、武革车三百乘，甲卒三千人，讨暴乱，制夏、商，因民之欲也。故能因，则无敌于天下矣。"天地生万物，因阴阳之和、四时之序；圣人治天下，因民之性；大禹治水，因水之性；后稷发展农业，因五谷之性、土地之宜；汤、武发动革命，因民之欲。无论是处理人事关系的社会政治活动，还是处理人与自然界关系的农业生产活动等等，都需要因循事物的规律行事，唯其如此，才能取得理想的效果。所以说"因则大，化则细"。这里的"化"，表示主观上加以改变，指违背事物本性的行为。

　　"夫物有以自然，而后人事有治也。"事物具有某种自然属性，人类才可能顺其性而施治，使其发挥功能，为我所用。《泰族训》列举了制陶、冶铸、木作、驾马服牛、令狗守门之类的诸多事例，指出这些活动之所以能够成功，都是由于"因其可也""因其自然也"。社会的治理、文明的进步也如此，"先王之制法也，因民之所好而为之节文"，一切教化活动也都是"皆人之所有于性，而圣人之所匠成"。在黄老道家看来，人类文明的一切进步活动，都是贯彻"静因之道"的结果。

　　静因之道是自然之道、无为之道的进一步表达和诠释，更容易为人们理解和接受。

　　自然无为是道家的核心思想，既是其基本的自然观、宇宙观，也是其基本的价值观、政治哲学及人生哲学。以自然的观点看宇宙，即有了道家对宇宙演化的哲学思考；以自然的观点看天地万物，即有了道家对自然规律的认识；以自然的观点看待技术活动，即有了道家对技术的否定态度；以自然的观点看待生命，即有了道家对生物的尊重；以自然无为的观点看待人生，即有了道家超然物外、恬淡虚静的养生之道；以自然无为的态度处理人与自然界的关系，也就达到了天人合一的境界。或者说，道家的宇宙演化理论、自然规律观念、技术批判思想、生态伦理思想、养生之道以及天人合一思想，都体现了自然无为理念。

第三章

『万物生于有，有生于无』
——宇宙演化思想

　　宇宙的起源和演化一直是人类探讨的重要问题之一。在科学认识水平低下的古代，人们尽管无法以经验实证的方式研究这类问题，但可以思辨的形式进行思考。在人类文明的轴心时代，古希腊、印度及中国都有学者思考过这类问题，形成了不少思辨性学说。战国时期，屈原作《天问》，提出了一系列关于宇宙起源的问题："遂古之初，谁传道之？上下未形，何由考之？冥昭瞢暗，谁能极之？冯翼惟象，何以识之？明明暗暗，惟时何为？阴阳三合，何本何化？圆则九重，孰营度之？惟兹何功，孰初作之？"遂古之初，天地尚未形成，人类杳无踪迹，关于宇宙起源、万物演化的情况谁能够说得清楚呢？这是一个永远无法逾越的认识障碍。尽管如此，人类对这类问题还是进行了不懈的探索。

　　在先秦诸子中，道家最重视对宇宙起源和演化问题的探讨，提出了道、太一、元气等宇宙演化理论。道教建立后，一些道教理论家在构建神学宇宙论过程中，对宇宙的起源及演化也进行了思考，提出了内容丰富的宇宙演化学说。这些学说尽管具有浓厚的宗教神学色彩，但也含有一些具有思想价值的内容，如有些理论含有宇宙膨胀及周期演化思想，这与现代宇宙学的大爆炸宇宙论具有一定的相似性。

　　本章对道家提出的几种宇宙演化理论以及道教的宇宙膨胀及周期演化思想做一简单讨论。

一、道生万物说

老子最先对宇宙的起源和演化问题进行了哲学思考，提出了"道"演化万物的学说。

老子认为，宇宙万物经历了一个从无到有的演化过程，"天下之物生于有，有生于无。"[①] 老子用"有"和"无"说明宇宙的起源，"无，名万物之始也；有，名万物之母也。"[②] 他并且用"道"表示宇宙演化的本原、起点，认为天地万物都是由它派生而来："道生一，一生二，二生三，三生万物。万物负阴而抱阳，冲气以为和。"[③] "道"经过"一""二""三"演化出天地万物，但老子并未说明这里的"一""二""三"代表什么，因而后人对之作出了种种猜测，给出了许多解释。如认为"一"是太一，"二"是阴阳，"三"是天、地、人等等。其实，老子的本义或许并不是用它们表示具体事物，而只是用以象征性地说明从"道"演化出天地万物所经历的中间环节。

"道"作为宇宙演化的起点，既可以说它是"有"，也可以说它是"无"。相对于其后的万物而言，它是"无"；但既然宇宙万物由它演化而来，它不可能是绝对的无，其自身包含万物的根源，所以它又是"有"。因此王弼注释《道德经》说："欲言无耶而物以成，欲言有耶而不见其形。""道"生演万物，说其有，难以描述其具体状态；说其无，却从其生出万物；因此，它既是"有"，又是"无"，是"有"与"无"的统一。

庄子及其后学继承了老子的宇宙演化思想。《庄子·齐物论》有一段关于宇宙起源的讨论，文曰："古之人，其知有所至矣。恶乎至？有以为未始有物者，至矣，尽矣，不可以加矣。其次，以为有物矣，而未始有封也。其次，以为有封焉，而未始有是非也。"意思说，古人的

---

① 《老子》，第四十章。
② 《老子》，第一章。
③ 《老子》，第四十二章。

知识有穷极。有人认为宇宙初始并不存在万物，这便是知识的穷极，到达尽头了，无法增加了。次一等，有人认为宇宙初始存在万物，只是万物之间尚无明确的界限。再次一等，有人认为宇宙初始不但存在万物，而且万物之间有分界，只是不分是非而已。这种讨论，反映了庄子对宇宙起源和演化的思考。该篇继续说："有始也者，有未始有始也者，有未始有夫未始有始也者。有有也者，有无也者，有未始有无也者，有未始有夫未始有无也者。俄而有无矣，而未知有无之果孰有孰无也。"宇宙有一个"开始"，有一个未曾开始的"开始"，更有一个未曾开始那"未曾开始"的"开始"。宇宙最初的状态，有它的"有"，有它的"无"，更有未曾有"无"的"无"，更有未曾有那"未曾有无"的"无"①。宇宙的开端可以一直向前追溯，没完没了，因此，只能设定一个逻辑起点，这就是既是"有"又是"无"的"道"。

《庄子·天地》篇说："泰初有无，无有无名；一之所起，有一而未形。物得以生，谓之德；未形者有分，且然无间，谓之命；留动而生物，物成生理，谓之形；形体保神，各有仪则，谓之性。"宇宙肇始之初，是无形无名的混一状态，由此开始，经过有"分"、有"命"、有"形"、有"性"等演化过程，最后形成万物。成玄英注释说："元气始萌，谓之太初。"他认为，这是一个由元气化生万物的过程。

《庄子·知北游》也对万物的生成进行了解释："夫昭昭生于冥冥，有伦生于无形，精神生于道，形本生于精，而万物以形相生，故九窍者胎生，八窍者卵生。"精神指人的精气、元神，与形骸相对。《吕氏春秋》说："圣人察阴阳之宜，辨万物之利以便生，故精神安乎形，而年寿得长焉。"②东汉高诱说："精者，人之气。神者，人之守也。"③《知北游》把精神与形体区分开来，认为二者有不同的本原，精神是从道中生出的，形体是从精气中生出来的。把精神和物质看作两种独立的存在，这在哲学上具有重要的意义。

①陈鼓应：《庄子今注今译》，北京：中华书局，2009，79~83。
②《吕氏春秋·尽数》。
③高诱注：《淮南子·精神训》。

西汉《淮南子》继承和发展了老、庄的宇宙演化思想，在道生说基础上提出了更为具体的宇宙演化理论。该书《天文训》说："天地未形，冯冯翼翼，洞洞灟灟，故曰太昭。道始于虚霩，虚霩生宇宙，宇宙生气。气有涯垠，清阳者，薄靡而为天；重浊者，凝滞而为地。清妙之合专易，重浊之凝竭难。故天先成而地后定。天地之袭精为阴阳，阴阳之专精为四时，四时之散精为万物。"其中"冯翼洞灟"，表示天地未形成之前宇宙处于一片混沌状态，称为"太昭"；"虚霩"也是这种浑茫状态。《天文训》认为，老子所说的道是指宇宙开始的"虚霩"状态。由"虚霩"而有时间和空间，在时空中产生气。气有清有浊，清阳之气凝而为天，重浊之气结而为地。天地相互作用产生阴阳，阴阳变化形成四季，四季运行化育万物。

关于万物的形成，《天文训》说："积阳之热气生火，火气之精者为日；积阴之寒气为水，水气之精者为月；日月之淫气精者为星辰"；"天地之偏气，怒者为风。天地之合气，和者为雨。阴阳相薄，感而为雷，激而为霆，乱而为雾。阳气胜，则散而为雨露。阴气胜，则凝而为霜雪"；"阳气胜，则日修而夜短；阴气胜，则日短而夜修。"这些论述说明，在《天文训》作者看来，天地、日月、星辰、雷电、风雨、水火，甚至四时之运行、昼夜之长短，都是由阴阳之气的运动变化所形成的。在此基础上，《天文训》进一步解释了一系列自然现象，然后总结说："道始于一，一而不生，故分而为阴阳，阴阳合和而万物生。故曰：一生二，二生三，三生万物。"《天文训》作者运用阴阳和元气概念，试图比较具体地说明天地万物的起源和演化过程，比老子和庄子前进了一步。

《天文训》中的宇宙演化理论未讨论人和动物的来源及构成，《淮南子·精神训》对之作了补充。该篇开头即说："古未有天地之时，惟像无形。窈窈冥冥，芒芠漠闵，澒蒙鸿洞，莫知其门。有二神混生，经天营地。孔乎莫知其所终极，滔乎莫知其所止息。于是乃别为阴阳，离为八极。刚柔相成，万物乃形。烦气为虫，精气为人。是故精神者，

天之有也；而骨骸者，地之有也；精神入其门，而骨骸反其根。"其中
"窈窈冥冥，芒芠漠闵，澒蒙鸿洞"仍然是描述宇宙最初的混沌状态。
《精神训》作者认为，未有天地之时，宇宙浑茫一片，处于无形无象的
状态；然后生出"二神"，经营天地，分化阴阳，于是天地形成，万物
化生。其中人由精妙之气化生，其他物类由烦浊之气化生。关于其中的
"二神"，高诱注曰："阴阳之神也。"《周易·系辞传》说："阴阳
不测之谓神。"所谓"二神"，不是指某种超自然的人格化实体，而是
指自然界的两种阴阳对立因素，它们相互作用，决定天地万物的生演变
化。与《天文训》不同，《精神训》特别强调在阴阳之气化生万物的过
程中，人是精气所生，其他物类为烦气所生；并且认为人的精神和骨骸
是由不同的气所构成，人死之后，精神归于天，形骸消于地。这里不
仅解释了人的物质构成，而且说明了人的精神现象的物质基础。《文
子·九守》篇也有与此类似的论述。

　　《淮南子·俶真训》在《庄子·齐物论》基础上，对宇宙起源问题
作了进一步论述。该篇认为，在万物形成之前，宇宙经历了"有始者，
有未始有有始者，有未始有夫未始有有始者"三个演化阶段。在最初的
"有未始有夫未始有有始者"阶段，"天含和而未降，地怀气而未扬，
虚无寂寞，萧条霄霏，无有仿佛，气遂而大通冥冥者也"。这时天地初
分，阴阳二气尚未交接，天地之间呈现虚无寂寞状态。之后是"有未始
有有始者"阶段，"天气始下，地气始上，阴阳错合，相与有优游，竞
畅于宇宙之间……欲与物接而未成兆朕"。这时天气下降，地气上升，
阴阳交合，已有生演物类的潜在能力，但还未有任何征兆。然后是"有
始者"阶段，即"繁愤未发，萌兆牙蘗，未有形埒垠堮……将欲生兴而
未成物类"。"形埒"是界域，"垠堮"是边际，二者都表示物体之间
的界限。这时万物已有萌发的征兆，但尚未形成具体的物类。这是阴阳
二气相互作用的演化过程。

　　此外，《俶真训》还对《齐物论》提出的"有有者，有无者，有
未始有有无者，有未始有夫未始有有无者"几个阶段，作了具体解释。

最初的"有未始有夫未始有有无者"阶段，"天地未剖，阴阳未判，四时未分，万物未生，汪然平静，寂然清澄，莫见其形"。这时天地万物尚无端倪，宇宙处于一片浑然静谧状态。然后进入"有未始有有无者"阶段，这时天地万物已开始萌动，宇宙"包裹天地，陶冶万物，大通混冥，深闳广大"，已"生有无之根"。接着是"有无者"阶段，这时宇宙仍然处于"视之不见其形，听之不闻其声，扪之不可得也，望之不可极也"的状态。但这不是绝对的无，而是"浩浩瀚瀚，不可隐仪揆度"的宇宙物质存在状态。由此进一步演化到"有有者"阶段，此时万物已经形成，有形有质，"可切循把握而有数量"。《俶真训》所说的"有"和"无"，都是指宇宙的物质存在形式，"无"表示原始物质尚处于无形无象状态，"有"表示已形成有形有象的具体事物。这与老子所说的"有""无"概念类同。

由上述可见，老子用"道""有"和"无"概念描述宇宙的演化，庄子继承了这种思想，《淮南子》的作者进一步发展了这种思想，力图把宇宙的演化过程描述得更加具体和完备。

二、太一演化说

1993年10月，湖北荆门郭店战国楚墓出土一批竹简，其中《太一生水》篇专门讨论了宇宙的演化。其文曰："太一生水，水反辅太一，是以成天。天反辅太一，是以成地。天地复相辅也，是以成神明。神明复相辅也，是以成阴阳。阴阳复相辅也，是以成四时。四时复相辅也，是以成冷热。冷热复相辅也，是以成湿燥。湿燥复相辅也，成岁而后止。故岁者，湿燥之所生也。湿燥者，冷热之所生也。冷热者，四时之所生也。四时者，阴阳之所生也。阴阳者，神明之所生也。神明者，天地之所生也。天地者，太一之所生也。是故太一藏于水，行于时，周而又始，以己为万物母；一缺一盈，以己为万物经。"①

这段文字描述的宇宙演化过程是，太一先生出水，然后由水辅助太一生出天地，然后依次演化出神明、阴阳、四时、冷热、湿燥和岁，即太一—水—天地—神明—阴阳—四时—冷热—湿燥—岁。

在古代文化中，"太一"有表示星名、神名等多种含义，但此处表示宇宙演化的开始，与老子的"道"同义。《庄子·天下》篇说，关尹、老聃"建之以常无有，主之以太一"。《吕氏春秋·大乐》篇也说："道也者，至精也，不可为形，不可为名，疆为之，谓之太一。"又说："万物所出，造于太一。"高诱注曰："太一，道也。"东汉许慎《说文》也谓："一，惟初太极，道立于一，造分天地，化成万物。"这些引述说明，古人也用"太一"表示宇宙演化的开端，与"道"同义。所以，在宇宙论意义上，"太一"是老子"道"的别称。因此，战国楚简的"太一"演化说，实际上也是"道"演化说。但是，这种学说所表达的思想观念与前述老、庄和《淮南子》的"道"演化说有所不同。

在太一演化说中，出现了"神明"演化阶段。战国秦汉时期，"神明"一词有多种含义。有表示人的精神者，如《楚辞·远游》说："保神明之清澄兮，精气入而粗秽除。"有表示人的道德修养境界者，如《荀子·劝学》篇说："积善成德，而神明自得。"有表示人的先见之明者，如《淮南子·兵略训》说："见人所不见，谓之明；知人所不知，谓之神。神明者，先胜者也。"有表示自然界化育万物的能力者，如《周易·系辞传》说："阴阳合德而刚柔有体，以体天地之撰，以通神明之德。"唐代孔颖达疏曰："万物变化，或生或死，是神明之德。"《淮南子·泰族训》也说："天设日月，列星辰，调阴阳，张四时，日以暴之，夜以息之，风以干之，雨露以濡之；其生物也，莫见其所养而物长；其杀物也，莫见其所丧而物亡；此之谓神明。"这里的"神明"

---

① 转引自庞朴："太一生水"说，《中国哲学》第21辑，沈阳：辽宁教育出版社，2000，189~190。

是指大自然布列星辰、播施风雨、造化万物的能力。《太一生水》篇中的"神明"应与《周易·系辞传》和《淮南子·泰族训》所说的意思相同。

值得注意的是，《太一生水》篇在讨论宇宙的演化时，给予了水特殊的地位。"太一"先生出水，然后由水辅助其生演天地万物，并且"太一藏于水，行于时，周而又始，以己为万物母"，即"太一"借助于水而实现其"为万物母"的功能。《管子·水地》篇对水的重要地位也有所论述，其中说："水者何也？万物之本原也，诸生之宗室也。"该篇为稷下黄老道家的作品，成文约在战国早中期[①]。《太一生水》可能受到其水为万物本原说的影响。但后者更充分地表达了水的本体论地位，这在中国古代的宇宙演化理论中是相当少见的。

老子说上善若水，水善利万物，趋下不争，几于道[②]。因此，道家比较重视水的属性，对之有诸多赞扬。除了上述《管子·水地》之外，还在《文子·道原》《列子·汤问》《老子指归·柔弱于水》中都有论述。

《文子·道原》说："天下莫柔弱于水，水为道也，广不可极，深不可测，长极无穷，远沦无涯，息耗减益，过于不訾。上天为雨露，下地为润泽，万物不得不生，百事不得不成，大苞群生而无私好，泽及蚑蛲而不求报，富赡天下而不既，德施百姓而不费，行不可得而穷极，微不可得而把握，击之不创，刺之不伤，斩之不断，灼之不熏，淖约流循而不可靡散。利贯金石，强沦天下，有余不足，任天下取与，禀受万物而无所先后，无私无公，与天地洪同，是谓至德。"这里明确说"水为道"，对其"善利万物而不争"的属性作了充分论述。

《列子·汤问》篇有一则赞扬水的寓言，说大禹治水时迷失道路，误入一国，该国因有一泉涌流，给百姓带来福祉："当国之中有山，山名壶领，状若甔甀。顶有口，状若圆环，名曰滋穴。有水涌出，名曰神瀵，臭过兰椒，味过醪醴。一源分为四埒，注于山下。经营一国，亡不

---

①黄钊：《管子·水地》篇考论，载《道家文化研究》第二辑，上海：上海古籍出版社，1992。
②《老子》，第八章。

悉遍。土气和，亡札厉。人性婉而从物，不竞不争。柔心而弱骨，不骄不忌；长幼侪居，不君不臣；男女杂游，不媒不聘；缘水而居，不耕不稼。土气温适，不织不衣；百年而死，不夭不病。其民孳阜亡数，有喜乐，亡衰老哀苦。"这是一个世外桃源，土气温润，物产丰盈，人性和柔，百病不生。这一切，都得益于水。

《老子指归》是西汉道家隐士严君平以韵文的形式对《老子》思想的理论阐发，其中《柔弱于水》篇说："水之所以能触石贯金，崩山溃堤，周流消息，沦于无赀，广大无穷，修远无涯，明不可蔽，强不可加，浊而能清，少能复多，危能复宁，疾能复迟，与时变化，死而复生，浸濡万物，养育群形，布施而不费，赡物而不衰，注四海而不有功，配天地而无以为，优游毫厘之内，翱翔九野之外，泽及苍天之上，盘积黄壤之下，强扶天地，弱沉毛羽，微积集少，以成江海，上下无常，终而复始，进退屈伸，近于道者也，以其形体柔弱，动静待时，不设首响，和淖润滑也。"水润柔克刚，养育万物，无所不能，性能近似于道。这也是一首水的赞美诗。

《太一生水》篇把水看作宇宙万物的本原，正是道家尚水思想的最高体现。

此外，《太一生水》认为冷热、湿燥也是宇宙演化的重要环节。冷热、湿燥体现的是一年四季气候的变化。前述《淮南子·天文训》也认为，由阴阳演化出四时，四时散精为万物。把四时纳入宇宙演化过程之中，是道家宇宙论的一个特点。"天地""阴阳""四时""万物"等，都是宇宙演化理论的重要概念。《庄子》外篇、杂篇多将它们并举，如《秋水》《庚桑楚》《则阳》等将"天地""阴阳"并举，《天运》《缮性》等将"阴阳""四时""万物"并举，《在宥》将"阴阳""四时""寒暑"并举，《知北游》将"天地""神明""阴阳""四时""万物"并举。不过，这些表述，多数并不是刻意讨论天地万物的生成，而是讨论自然界的变化及论述一些道理。

《太一生水》篇描述的宇宙演化过程从"太一"开始，至"岁"

而结束，其中由"四时"经"冷热""湿燥"演化成"岁"，亦即"四时"经过"冷热""湿燥"的季节变化即构成一年。这种理论虽然说太一"为万物母""为万物经"，但其描述的宇宙演化过程至"岁"而止，并未继续讨论万物的演化。因此，这个演化过程是不完备的。

关于"太一"演化思想，除《太一生水》篇外，战国秦汉时期的其他典籍也有一些简略的论述，如《吕氏春秋·大乐》篇说："太一出两仪，两仪出阴阳。阴阳变化，一上一下，合而成章。浑浑沌沌，离则复合，合则复离，是谓天常。""两仪"指天地，"浑沌"指形象未分的元气状态，"天常"指自然常规。《大乐》篇的作者认为，由"太一"演化出天地及阴阳二气，阴阳之气的运动变化生演万物。《淮南子·诠言训》也说："洞同天地，浑沌为朴，未造而成物，谓之太一。"这里的"太一"，也是表示宇宙最初的混沌状态。《大乐》篇和《诠言训》表达的也都是道家思想。

上述表明，虽然"太一"是"道"的别称，但《太一生水》篇设想的宇宙演化过程并不与《老子》和《淮南子》的描述相一致。它代表了战国时期道家的另一种宇宙演化思想。

三、元气演化说

气是中国传统文化中的一个重要概念。它既表示空气、云烟、蒸汽之类的气态物质，也表示作为宇宙万物基本成分的宇宙本体以及传递物质相互作用的中介。它既是通常的物质概念，也是重要的本体论和自然观概念。古人在长期的生活实践和认识活动中，逐步从有关经验认识中抽象出气概念，用以说明自然万物的生演过程及其运动变化情况。

老子说："道生一，一生二，二生三，三生万物。万物负阴而抱阳，冲气以为和。"①其中的阴阳，即指阴气和阳气。在老子此说基础上，一些道家学者也用"气"论述天地万物的生成，从而形成了气演化说。

《庄子·田子方》解释万物的生成说："至阴肃肃，至阳赫赫；肃肃出乎天，赫赫出乎地；两者交通成和而物生焉，或为之纪而莫见其形。消息满虚，一晦一明，日改月化，日有所为，而莫见其功。生有所乎萌，死有所乎归，始终相反乎无端，而莫知乎其所穷。"这是说，阴阳之气的"交通成和"而化生万物；万物生有所始，死有所归，由此构成了终始无端的演化过程。《知北游》举例说："人之生，气之聚也；聚则为生，散则为死。"人的生死，是气的聚散过程。由无气到有气，由有气到有形，这是生的过程；由生至死，是由有形之体化为无形之气的过程。《至乐》篇对这个过程进行了描述："察其始而本无生，非徒无生也，而本无形；非徒无形也，而本无气。杂乎芒芴之间，变而有气，气变而有形，形变而有生，今又变而之死，是相与为春秋冬夏四时行也。"庄子学派认为，人生来死往，变化循环，犹如春夏秋冬四时代序。人的生死如此，万物的生死也是如此，最终都归于气。所以，《知北游》谓："通天下一气耳。"

《管子·内业》篇提出了"精气"化生万物说："凡物之精，此则为生，下生五谷，上为列星。流于天地之间，谓之鬼神，藏于胸中，谓之圣人。是故此气，杲乎如登于天，杳乎如入于渊，淖乎如在于海，卒乎如在于己。"又说："凡人之生也，天出其精，地出其形，合此以为人。"其中的"精"，指精微无形的气。《内业》说："精也者，气之精者也。""灵气在心，一来一逝，其细无内，其大无外。"精气不仅下生五谷、上为列星，而且形成人及鬼神，决定圣人的特质。这种气"细无内"，"大无外"。"无内"，即无内部结构，小到无法再小的程度；"无外"，即无外部界限，大到无边无际。这是形容气精细无形，微不可察，无处不在。《管子·枢言》也说：万物"有气则生，无气则死，生者以其气"。

---

① 《老子》，第四十二章。

上海博物馆藏战国时期楚国竹简《恒先》，被认为是道家的佚书。是书开篇即讨论宇宙演化问题，文曰："恒先无有，质、静、虚。质，大质，静，大静；虚，大虚。自厌不自忍，或作。有或焉有气，有气焉有有，有有焉有始，有始焉有往者。未有天地，未有作行，出生虚静为一若寂，梦梦静同，而未或明，未或滋生。气是自生，恒莫生气。气是自生自作。恒气之生，不独有与也。或，恒焉；生或者同焉。"① 其中，"恒先"指道的原始状态，"大质""大静""大虚"都是形容这种状态。此文认为，宇宙经历了"有气""有有""有始""有往"几个演化阶段。并且认为，气是自生自作，不是由"道"或"恒"生出来的。

列子与老子、庄子并称为道家三大巨子，其宇宙观及处世思想深受老子的影响。《列子·天瑞》篇讨论宇宙生成时说："昔者圣人因阴阳以统天地。夫有形者生于无形，则天地安从生？故曰：有太易，有太初，有太始，有太素。太易者，未见气也；太初者，气之始也；太始者，形之始也；太素者，质之始也。气形质具而未相离，故曰浑沦。浑沦者，言万物相浑沦而未相离也。视之不见，听之不闻，循之不得，故曰易也。易无形埒，易变而为一，一变而为七，七变而为九。九变者，穷也；乃复变而为一。一者，形变之始也。清轻者上为天，浊重者下为地，冲和气者为人；故天地含精，万物化生。"《天瑞》篇认为，宇宙初始的演化过程经历了"太易""太初""太始""太素"几个阶段，分别对应于从无气到有气、从气到形、从形到质的演化过程，最后达到气、形、质都已具备而尚未分离的浑沦状态。汉代纬书《易纬·乾凿度》《孝经纬·钩命诀》也有与此类似的论述。《钩命诀》说："天地未分之前，有太易，有太初，有太始，有太素，有太极，是为五运。形象未分，谓之太易；元气始萌，谓之太初；气形之端，谓之太始；形变有质，谓之太素；形质已具，谓之太极。""太极"一词首见于《庄子·大宗师》，后来《易传》借以说明八卦的起源。宋明时期，"太极"成为宇宙论的一个重要范畴。有学者认为，汉代纬书的这类内容

---

① 陈鼓应：《老庄新论》，北京：商务印书馆，2008，127。

是袭自《列子·天瑞》篇①。《天瑞》篇说宇宙从"太易"状态开始演化，此时宇宙处于"视之不见，听之不闻，循之不得"的状态。这与老子所说的"混而为一"②状态相似。虽然"太易"阶段"未见气"，但此时的宇宙不是绝对的空无状态，而是有潜在的物质存在。

《鹖冠子》是战国末期黄老道家的著作，其中《泰录》篇提出了"元气"概念。《庄子》《管子》《列子》等都认为由气化生万物，《泰录》篇也说："精微者，天地之始也。"又说："天地成于元气，万物乘于天地。"元是开始，将精微之气称为"元气"，强调了它是本原之气，突出了其本体论意义，表述更为规范。此后，这一概念即流行开来。《鹖冠子》也讨论了万物的生演过程："有一而有气，有气而有意，有意而有图，有图而有名，有名而有形，有形而有事，有事而有约。约决而时生，时立而物生。"③其中，一即是道，意是意愿，图是图像，名即名称，形即形体。由道而有气，有气即有生成万物的意蕴，由此演化出有形象、有名称的万事万物。

战国道家提出的元气宇宙论，成为后人解释万物生成的主要理论。成书于西汉的《河图》说："元气无形，汹汹蒙蒙，堰者为地，伏者为天也。"西汉《礼统》也说："天地者，元气之所生，万物之所自焉。"西汉扬雄《檄灵赋》也认为："自今推古，至于元气始化。"董仲舒说："元者，万物之本。"④"元"即元气。东汉王符说："上古之世，太素之时，元气窈冥，未有形兆，万精合并，混而为一。"⑤王充也认为："元气，天地之精微也"⑥；"天禀元气，人受元精"⑦；万物"俱禀元气，或独为人，或为禽兽"⑧。

---

①陈鼓应：《老庄新论》，北京：商务印书馆，2008，179。
②《老子》，第十四章。
③《鹖冠子·环流》。
④《春秋繁露·王道》。
⑤《潜夫论·本训》。
⑥《论衡·四讳》。
⑦《论衡·超奇》。
⑧《论衡·幸偶》。

元气是一种细微无形的物质存在。唐代成玄英对元气的存在状态描述得最为形象。他在《老子义疏》中写道："元气太虚之先，寂寥何有……元气者，无中之有，有中之无；广不可量，微不可察；氤氲渐著，混茫无倪，万象之端，兆朕于此。"元气微不可察，寂寥无形，所以是"有中之无"；但它是万象之端，可生化万物，所以又是"无中之有"。

为了论证元气既无形象，却又客观存在，北宋学者张载提出了"虚空即气"的观点。他认为，宇宙中除了有形之物外，剩余的空间都是气的存在状态，都充满了气，即所谓"太虚无形，气之本体"[①]。他指出，若"知虚空即气"[②]，则知事物的有与无、显与隐等都是气的不同存在形式。无形之气聚集在一起，即形成有形之物；有形之物解体，即复归于无形之气。有与无，显和隐，都是对有形之物而言的，对于无形之气，不存在有无、显隐的说法。

宋明时期，元气宇宙演化论成为最为流行的宇宙论，一些著名学者几乎都论述过元气生化万物的思想。北宋周敦颐说：阴阳"二气交感，化生万物，万物生生而变化无穷焉"[③]。张载说："太虚不能无气，气不能不聚而为万物，万物不能不散而为太虚。"[④]程颐强调："万物之始，皆气化。"[⑤]朱熹认为，"天地初间只是阴阳之气"，气之"渣滓""结成个地在中央"，"气之清者便为天，为日月，为星辰"[⑥]；"天地之间，一气而已"[⑦]。明代罗钦顺说："盖通天地，亘古今，无非一气而已。"[⑧]王廷相也指出："元气化为万物，万物各受元气而生。"[⑨]此外，宋应星、王夫之、方以智等也都有类似的论述。

---

①②④张载：《正蒙·太和》。

③《太极图说》。

⑤《二程遗书》，卷五。

⑥《朱子语类》，卷一。

⑦朱熹：《易学启蒙》，卷一。

⑧《困知记》。

⑨王廷相：《雅述》，上卷。

元气无形无象，却又真实存在；它自己没有形体，却能构成有形之物。气的这种存在状态无法直接验证，只可间接说明。所以，元气是一个思辨性的本体论概念。道家的元气宇宙演化论，在中国古代的影响极为深远。从战国至明清，古人一直认为，宇宙空间充满了无形无象的气，它以精微无形、绝对连续的状态存在；它运动不息，不生不灭，不仅是构成天地万物的基本质料，而且是传递自然万物相互作用的中介。[①]这是一种富有中国特色的元气自然观。日本著名物理学家汤川秀树在比较中西方传统科学文化的基本差异时指出，西方古代产生了原子论，中国则产生了元气论；与西方原子论相对应，中国古人"一谈到自然界的实体便使用了气这个概念"[②]。这种评价是符合实际的。李约瑟也曾指出："中国和欧洲之间最深刻的区别也许是在于连续性和非连续性之间的重大争论方面。"[③]从现代科学认识来看，粒子和场是宇宙中物质存在的两种基本形式。西方的原子论反映了物质的粒子性和空间的间断性，中国的元气论则反映了物质的非粒子性和空间的连续性，二者代表了自然界两种互补的图像。中国古人用气概念建立了一幅连续的、整体的自然图像，它与西方古代的原子论自然图像有着根本的差异。这种自然观的差异，决定了中西方两种传统文化在思维方式、认识方法等方面也存在着一定程度的差异性。

四、道教宇宙膨胀与周期演化说

道教宇宙观是一种宗教神学宇宙观。道教崇拜的最高尊神是"三清"神，即元始天尊、灵宝天尊、道德天尊。此三者也称"三洞"尊神，各为教主，统御诸天神灵，为神王之宗、众仙之主，宇宙万物皆为

---

①胡化凯：《中国古代"气"的基本属性探讨》，《自然辩证法通讯》，2003（2），77～84。
②汤川秀树、薮内清：《中国科学的特点》，《科学史译丛》，1981（2），2。
③李约瑟：《中国科学传统的贫困与成就》，《科学与哲学》，1982（1），8。

其所创造。三清尊神生于天地之先，其体长存不灭。这是一幅神学宇宙图像。不过，道教以"道"名教，"道"是其信仰的核心，一切教理、教义，无不发端于斯。因此道教的宇宙演化理论，也强调道的至高无上地位，如道教《常清静经》说："大道无形，生育天地；大道无情，运行日月；大道无名，长养万物。"如此看来，至高无上的神与至高无上的道在逻辑上是不协调的，或者可以认为三清尊神就是道的化身，或隶属于道。据《道教三洞宗元》等称，三清尊神都是由气化生。元始天尊由混洞太无元之青气化生，名为天宝君，居清微天之玉清境；灵宝天尊由赤混太无元玄黄之气化生，名为灵宝君，居禹余天之上清境；道德天尊，即太上老君，由冥寂玄通元玄白之气化生，名为宝神君，居大赤天之太清境。[①] 既然他们由气而生，以道家宇宙论来看，应当隶属于"道"。

道教宇宙演化理论含有宇宙膨胀及周期演化思想，这种思想与现代宇宙学的大爆炸宇宙论具有一定的相似性。

三国徐整的《三五历记》有关于盘古开天辟地的神话，其中说："天地浑沌如鸡子，盘古在其中，万八千岁，天地开辟，阳清为天，阴浊为地。盘古在其中，一日九变，神于天，圣于地。天日高一丈，地日厚一丈，盘古日长一丈。如此万八千岁，天数极深，地数极厚，盘古极长，后乃有三皇……故天去地九万里。"[②] 这个神话认为，宇宙最初浑沌如鸡子，经过一万八千年，天地开辟，然后宇宙按照每日增加一丈的速度增大，经过一万八千年，天地相距九万里。这里含有明显的宇宙膨胀思想。

晋代葛洪的《元始上真众仙记》也有与《三五历记》类似的说法。该书认为，宇宙最初"溟涬鸿蒙，未有成形"，"如鸡子混沌玄黄"，经过"四劫"的演化，天地形成；"天形如巨盖，上无所系，下无所根，天地之外，辽属无端"；再经过"四劫"的运行，天地"始分"，

---

① 卿希泰：《简明中国道教史》，北京：中华书局，2013，239。
② 《道藏》，第三十二册，235页。

相距三万六千里。^① "四劫"是佛教概念，表示世界由生成到毁灭的一个演化周期。道教借用其表示宇宙演化的一个时段。宇宙最初"如鸡子"，经过两个"四劫"的演化和扩展，达到"三万六千里"的范围。

《三五历记》和《元始上真众仙记》描述的宇宙最初状态，都是形如鸡子的混沌。由混沌逐渐扩展，宇宙不断胀大。元代道士林辕进一步发展了这种思想，在《谷神篇》下卷《元气说》中描绘了一个更为具体的宇宙膨胀演化过程^②。他设想的宇宙演化，分为以下几个阶段：

第一阶段是元气孕育，形成混沌。宇宙最初，"元气始生，犹一黍也，露珠也，水颗也"。这一小点如露珠、黍米样大小的元气，"盖自无始旷劫、霾翳搏聚之"，是经过相当长的时间孕育而成。它"内含凝一点之水质"，是宇宙之精华，标志着宇宙演化的开始，"强名曰道"。此即老子所说的"道"。这一点元气，"内白而外黑"，"阴含而阳抱"，含有阴阳两种相斥相辅因素。"其内之阴，因阳之动而随出，出则为杳霭；外之阳俟阴之静而践入，入则肇氤孽"。内外阴阳结合，"混质而成朴，积小而为大"。阴阳结合后，"内非纯阴，外非纯阳"。内部的阳气"好舒畅，好缓散，欲尽出"。外面的阴气"好涵养，好圆融，欲尽入"。二者相互作用，"外阴愈搏，内阳愈凝，结成混沌"。这时的混沌"其形如初"，"是玄包其黄者也"。其中"玄属水也，是元气之至精积而盈也；黄属火也，乃余气之生神烜而灼也"。而"混沌之内，惟水中沉一日光者矣"。由元气演化形成的混沌，内黄而外黑，外阴而内阳，其中包含一缕阳光。此即宇宙的最初状态。

第二阶段是混沌破裂，宇宙膨胀。混沌经过一段时间的"化育"，形成水、火、风、雷"四象"。"风欲扬而不能鼓，水欲洸而不能决，火欲炎而不能升，雷欲荡而不能发"。"四象"相互激荡，"渐相刑克，甚至战争"。造成"风助水之力而作彭湃，雷助火之力而加奋迅"，结果导致混沌"激搏而破"。混沌破裂后，水火风雷各自得以

①《道藏》，第三册，269页。
②陈美东：《中国古代的宇宙膨胀说》，《自然科学史研究》，1994（1），27～31。

施展作用。"雷震而阐，风扬其旷，火气得以升沉，水液得以流注。"混沌"破乃分之"，天地得以开辟。"天既分也，元气化气之轻者，自下而升，结成梵宇也；元气积液之资重者，随底所载，乃真水也。"宇宙上是天，下是水。此时的宇宙"大只百里也"。之后，经过"风随方以展之，雷逐位以荡之，外之余气施张以措之，内之元气兆运以局之"的运动变化过程，宇宙逐步扩大，"百里之天既分，则千里矣，渐至万里矣"，"历元应化，致今莫谛其几万里矣"。宇宙由最初的一小点元气，演化扩展成几万里的空间规模，这是一个宇宙逐渐膨胀的过程。

第三阶段是"四象"运化，万物衍生。宇宙中有水火风雷，"风惟魂，雷惟响，火惟光，水独质"。它们是引起宇宙发生各种变化的主要因素。这四者之中，水最重要。"天宇之中，有资而兆质者，独一水也""水为先天后天之母"。由水开始一系列的生演变化过程："水之气，日之影，感化而生月"；"水既生风，风复吹水，起浪为沫；雷复震水，腾沸化萍；日复曝水，结滓成卤；月复照水，澄坌作泥；积泥而生融蠕，俱化而为土也。风扬而尘，日烈而砂，湛露既降，水滋之土，始生苔藓，次有蒉芜，至于荏苒，渐洳生灭，土斯厚矣。"林辕继续描述草木的演化过程说："草化为竹，条茂为木，久之而草结穗，木成树，卉挺实，春荣秋剥，俱腐化土。"他甚至认为："老木受天地云烟聚气，则有精有液，久之而化禽、化龙、化犴、化男子"；"赭石感水土日月孕秀，则有血有乳，久之而化蟾、化虎、化羊、化女人"；"木男石女，既有伉合，孕生男女，得以全身。人物既有化育，兹分人虫，非媾亦系胎胞，长幼相须，仍存子息种类差别。"此外林辕还描述了天上星辰、地上金石的形成。

第四阶段是天地毁灭，轮回休息。由于"地土生物太盛，土壤虚而不能自载，小则随方洼陷，大则俱坠矣。力因运穷，数随气尽"。由此造成大地坠陷，这个过程经历三百六十年。"地始坠也，生气绝而寒气行也"，因而"天无所载，仍将危也"。继之，天皆"崩塌"，这个过程也经历三百六十年。天地崩溃过程，万物俱毁，"其内冥冥然，

76

人、物丧灭，俱化土而无秽也"。不过，只是由气聚集生成的有形之物毁灭，而先天元气不灭，"先天之天则无坏矣，以其元气常存，还返而复生也"。之后，宇宙进入天地万物的"复生"过程，需要经历八十一年。整个地坠、天崩和万物复生所经历的时间约略八百年，"故天地之一休息，总得八百年"。林辕认为，"天之积气万年，而休息于八百年"，所以宇宙的演化以一万零八百年为周期。他将天地的休息看作积蓄力量的过程，"是造化之歇力养气也，乃亦阴阳交接之道也，归根复命之义也"。因为"天地不休息，无从而开展也"①。

以今日的科学认识水平来看，林辕描述的宇宙演化过程无论在逻辑上，还是在具体内容上，都存在着明显的荒谬性。不过，这个宇宙演化理论含有一定的宇宙膨胀及周期演化思想则是明显的。

在道教著作中，有大量关于宇宙呈周期性演化的描述，以下略举几例以示之。

北周道书《无上秘要》称引《洞玄灵书经》描述的宇宙演化过程认为，在"龙汉"之后，"天地破坏"，经过"亿劫"漫长的"幽幽冥冥，无形无影，无极无穷，混沌无期"状态，天地重新复位，万物更生。经过"一劫"之后，"天地又坏"。宇宙再经过"五劫"的"幽幽冥冥，三气混沌"过程之后，"乘运而生"；到了"开皇"时，天地复位，世界又成。"劫"来源于印度所罗门教义。该教认为，世界会经历许多劫，每经过一劫（43.2亿年），就有劫火烧毁一切，之后再产生新的世界。佛教把劫分为大劫、中劫、小劫。道教沿袭佛教"劫"的概念，但内涵有所不同。《洞玄灵书经》认为："天运九千九百周为阳蚀，地转九千三百度为阴勃。"阳蚀阴勃谓之"大劫交"。大劫交时"天翻地覆，海涌河决，人沦山没，金玉化消，六合冥一"②，即大劫交时天地万物俱灭，化为混沌。

南北朝道经《太上妙始经》对宇宙演化的周期性说得更为具体。

①《道藏》，第四册，544~548页。
②《道藏》，第二十五册，18~19页。

其文云："道出于无形、无名、无声、无色、无味。淡然以虚无为宗，自然为生，以清微玄元之气为本，有无极之功；无表无里，亦无上下，无有前后，静为一体，先天地而生。其要妙广远弥漫，不可得名，故字之曰道。合则为元气，散则为天地。天地三千六百亿万岁一合会，数穷于三、五、七、九，而天寿尽之时，阳精化为火，阴精化为水，先以火烧其上至六天，下至九地；然后以水平之，混而归一。复三千六百亿万岁一开，方复分别。元气清者为天，浊者为地。天玄而清，地本而黄。太阳之精为日，太阴之精为月。复分日月之精为星辰、二十八宿。天有四时、五行、六甲、十二时。天地之气交合，然后人民、禽兽、草木、蠕行、蠕动，森然皆生。"①该书认为，天地万物由道而生，宇宙的演化以三千六百亿万年为周期。经过一个周期，"天地寿尽"，宇宙毁灭，"阳精化为火，阴精化为水"，先以火烧，后以水浸，使万物"混而归一"。再经过三千六百亿万年，宇宙重新开辟，天地万物重新生成。

宋代道书《灵宝无量度人上品妙经》也认为，宇宙经过一个"劫数运度"之后，"万物消化"，"更为混沌"。然后"元气复合"，开始新一轮演化。②

南宋道士谢守灏所著《太上混元圣记》认为：太上老君是"元气之祖，万道之宗，乾坤之根本，天地之精源"。他在宇宙劫运轮回演化过程中，"常于无量劫运之端，太初太易之前，肇布玄元，始而生太极，判太极于三才"。在宇宙之末，"至劫终，于六合俱消，混沌为一"，他使混沌"又复分判"，宇宙"凝轻清以为天，积重浊以为地，阳精为日，阴精为月，日月之精为星辰"，开始新一轮演化。谢守灏认为，太上老君在劫运开始时，肇布玄、元、始三气而生太极，又判太极而生天、地、人三才。劫终，天地消融成混沌，老君又使"劫历重开"，重新分判天地万物。宇宙就是这样周而复始，"凡经无量浩浩之劫，悉如是矣"③。

---

① 《道藏》，第十一册，431页。
② 《道藏》，第一册，70页。
③ 《道藏》，第十七册，895页。

　　元代道士陈致虚在《太上洞玄灵宝无量度人上品妙经注》中也描述了宇宙劫运轮回演化过程："每劫运坏，天地荡散，山海消融，物象一空，无复形质。"此时宇宙中"上无色象，下无渊极"，"空洞虚无"，独有元气存在，它"混然不分，沌然始构，是云混沌"。然后从混沌中"金风气摩而生火，四象化合而生土，博载天地，长养万物"，新的宇宙开始形成[①]。

　　这些论述表明，道教的劫运轮回说认为，宇宙以"劫"为周期进行轮回演化。

　　现代大爆炸宇宙理论认为，宇宙是从原始奇点状态爆炸后逐步演化而来，时间、空间和物质都是从大爆炸开始产生的。在此之前，它们都不存在，宇宙是无；在大爆炸之后，宇宙开始了时间的延续，空间的膨胀，万物的生演。这种理论认为，宇宙的演化可能有两种形式：一种是膨胀宇宙，即大爆炸之后，宇宙永远膨胀下去，万物随同空间的膨胀而不断演化；另一种是振荡宇宙，即大爆炸之后，宇宙呈周期性的膨胀和收缩状态，宇宙空间在一段时间内膨胀到最大状态，然后经历一段时间而收缩成一点，继之再进行下一轮的膨胀与收缩，如此周而复始。前一种情况，宇宙有开始，而没有终结，万物处于永恒的演化过程之中；后一种情况，宇宙则处于生成和毁灭交替进行状态中。我们生活的宇宙究竟以哪种方式存在，取决于宇宙中物质的平均密度。大爆炸宇宙论是在爱因斯坦广义相对论基础上建立起来的现代宇宙学理论。这一理论已经得到河外星系谱线红移、宇宙微波背景辐射和氦元素丰度等观测事实的有力支持，因此被称为标准宇宙模型。

　　由上述可见，古代道教学者提出的一系列宇宙演化理论，含有一些与现代大爆炸宇宙学思想相类似的内容。不过，毕竟道教宇宙演化理论和大爆炸宇宙论是两种本质不同的理论。大爆炸宇宙论强调，宇宙在大爆炸之前既没有空间，也没有时间，时空和物质都是在大爆炸之后逐渐产生的。中国古代的道教宇宙演化理论虽然认为宇宙经历了从无到有的

———————————
①《道藏》，第二册，420～421页。

演化过程，但没有说明在开天辟地之前宇宙是否存在空间和时间。道教劫运轮回宇宙演化说，也没有说明时间和空间是否一直永久存在。包括道家和道教学者在内的中国古人似乎认为，空间和时间是永恒存在的，即使是在宇宙最初的混沌状态以及宇宙的劫运轮回生灭过程中，时间和空间也是一直存在的。它们为天地的开辟和宇宙的扩展提供场所，为宇宙的生灭和万物的演化提供时间计量。这是道教宇宙演化说与大爆炸宇宙论的根本差别之一。

以上内容反映了道家和道教关于宇宙演化的基本认识。这些理论所描述的宇宙演化过程，本质上都具有思辨性。这是由其认识对象的特殊性和古代认识水平的局限性所决定的。此外，道家宇宙演化理论大都设定了一个宇宙演化的逻辑起点。如前面所述的"道""太一""元气"等都是宇宙演化的逻辑起点，代表宇宙的最初状态。道家认为，宇宙最初处于鸿蒙未分的混沌状态，由此开始了天地万物的演化过程。另外，无论是战国楚简的"太一"演化说，还是《淮南子·天文训》的"道"演化说，都把"四时"作为宇宙演化的一个阶段。"四时"是表示季节的时间概念，不是具体物质，将其放在宇宙演化序列中，表明古人对四季气候变化的重视，由此可能反映了中国古代农业文明对季节变化的依赖和关注。

第四章

『其一也一，其不一也一』
——天人合一思想

　　著名历史学家钱穆说："中国文化过去最伟大的贡献，在于对天人关系的研究……天人合一论是中国文化对人类最大的贡献。"[①]钱穆的观点具有一定道理。在对于天人关系的认识上，中西方古代形成了不同的观念。中国古代长期占主导地位的是天人合一观念，而西方古代长期流行的是天人相分思想。有学者认为："正是在天人关系问题上，中西走向了不同的方向，最终发展出了各自的科学思想和宗教思想。"[②]西方世界长期奉行天人相分思想，强调人相对于自然界的独立性，这种思想给西方文明带来了巨大的成就。但近现代以来，它也产生了日益明显的负面效应。近些年来，面对着环境污染、资源危机等问题，世界各国开始大力提倡以天人合一的方式处理人与自然界的关系，这与中国传统的天人合一观念基本上是一致的。

　　中国传统文化中的天概念具有多种含义。冯友兰将其归结为五种：一是物质之天，即与地相对应的天；二是主宰之天，即所谓皇天上帝，有人格的天；三是命运之天，即人生中无可奈何的东西；四是自然之天，即自然界及其运动变化；五是义理之天，即宇宙的最高原理与法则。[③]天的这些含义可以归为两类，一类是意志之天，一类是自然之天。先秦诸子中，孔、孟、老、庄等都论述过天人合一思想。古代"天人合一"中的"天"，含义具有模糊性，有时既指主宰之天，也指自然之天。

　　事实上，人与自然界的关系是辩证统一的，二者既有相互联系的合一性，也有相互独立的分离性。中国古代，尤其是先秦时期，天人合一思想长期居于主导地位。但战国后期，尤其是唐宋时期，一些学者也提

---

①钱穆：《世界局势与中国文化》，台北：兰台出版社，2001，376。
②席泽宗：《中国道教科学技术史序言》，姜生、汤伟侠主编：《中国道教科学技术史》（第一卷），北京：科学出版社，2002。
③冯友兰：《中国哲学史》（上），北京：三联书店，2008，46。

出了天人相分思想。在对于天人关系的认识上，天人合一与天人相分是互补的两个方面，各自都有合理性。

本章讨论老、庄及黄老学派的天人合一思想。为了了解历史背景，以及认识道家天人合一思想与其他学派相关思想的区别，以下也对商周先民的天神崇拜观念以及儒家、墨家的天人合一思想进行简单讨论。天人合一与天人相分是一个问题的两个方面，要认识前者，对后者也应有适当地了解，因此本章最后对天人相分思想也做简单讨论。

一、商周先民对上天的敬畏

中国上古所说的天，多指宇宙万物的最高主宰，即上帝。古代流行的天人合一观念，即与上古先民的天神崇拜有关，具有悠久的历史。

据《礼记》记载，夏商周三代先民对于鬼神的态度是不同的。"夏道遵命，事鬼敬神而远之"；"殷人尊神，率民以事神，先鬼而后礼"；"周人尊礼尚施，事鬼敬神而远之"[①]。三代都信奉鬼神，但殷人的表现最为突出。殷人尊天事神，重鬼神而轻礼教。从殷墟卜辞可以看出，殷人几乎大小事情都要进行占卜，乞求"帝"的帮助。如卜辞有："帝佳（唯）癸其雨"（帝在癸这一天要下雨）；"今二月帝不令雨"（在这二月里帝不会下雨）；"勿伐舌，帝不我其受（授）又（佑）"（不要出兵征伐舌国，帝不会给我们以保佑）；"王封邑，帝若"（国王要建都城，帝答应了）。这其中的"帝"，都是有意志的人格神[②]。周人虽然也敬神事鬼，但他们敬而远之，推崇礼教，重视自己的作为。与殷人相比，周人的观念具有明显的进步性。

在先秦早期文献中，反映天人合一观念的内容很多，下面略述一些典型者。

[①]《礼记·表记》。
[②]郭沫若：《青铜时代》，北京：中国人民大学出版社，2005，2～24。

《尚书·皋陶谟》记录了舜的大臣皋陶与禹讨论如何治理国家的问题，其中皋陶说："无旷庶官，天工，人其代之。天叙有典，敕我五典五惇哉！天秩有礼，自我五礼有庸哉！同寅协恭和衷哉！天命有德，五服五章哉！天讨有罪，五刑五用哉！政事懋哉懋哉！天聪明，自我民聪明。天明畏，自我民明威。"其中的天，都是指最高主宰者，即皇天上帝。天命令人做各种事情，规定人的伦理秩序，确定人的尊卑等级，任命有德之人担任"五服"之职，以"五刑"惩治有罪之人，善于倾听民众的声音，善者必彰，恶者必罚。天决定人世间的一切，因此，人应听命于他，与之保持一致。如果《皋陶谟》记载属实，这条文献则反映了夏代的天命观念。

殷商先民以"帝"表示主宰一切的至上神，对其充满了敬畏、崇拜之情。除了殷墟卜辞中有大量这方面的内容外，《尚书》中《商书》的一些篇章也有明显的反映。殷人有时也用"天"表示神或上帝。在《尚书》中，"帝"和"天"这两个概念都有运用。《尚书·汤誓》篇是商汤出师讨伐夏桀前发表的誓词，其中汤对将士们说："有夏多罪，天命殛之""夏氏有罪，予畏上帝，不敢不正。"汤告诉士兵，夏桀犯有许多罪行，天命我去讨伐它；我畏惧上帝，不敢不去征伐。公元前14世纪，盘庚将商朝的都城迁至殷，但臣民们不喜欢这个地方，于是盘庚请一些大臣去做民众的思想工作。《尚书·盘庚上》记载大臣对民众说："先王有服，恪谨天命……天其永我命于兹新邑，绍复先王之大业，底绥四方。"意思说，先王做事，严格遵循天命；上天将使我们的国家在这个新国都兴旺、安定。《尚书》记载，周文王打败殷商的属国黎以后，殷大臣祖伊告诉纣王说："天子！天既讫我殷命。格人元龟，罔敢知吉……故天弃我，不有康食。"[①]祖伊说，天子，天意恐怕要灭亡我们殷邦了！贤人和神龟都觉察不出一点吉兆来。天意抛弃我们，不让我们安居乐业。《尚书·微子》记载殷大臣父师对纣王的哥哥启说："天

---

① 《尚书·西伯戡黎》。

毒降灾荒殷邦。"意谓上天降下灾害，要灭亡我们殷商。这些记载反映了殷人对天命的信从。

《尚书》中，《周书》的一些篇章反映了周人对天命的认识。《尚书·大诰》记载周成王告谕臣民说："天休于宁（文）王，兴我小邦周""天明畏，弼我丕丕基。"意思说，上天嘉惠文王，振兴我们小小周国；天命可畏，会辅助我们的伟大事业。《尚书·康诰》记载周公对康叔说："帝休，天乃大命文王殪戎殷，诞受厥命。越厥邦、厥民，惟时叙。"意谓上天降大命于文王，灭亡殷国，接收其国民。《尚书·酒诰》是周公要求康叔在卫国宣布的戒酒令，其中说："惟天降命，肇我民，惟元祀。"意即上天降下福命，劝勉我臣民，只在大祭时才饮酒。《酒诰》还说："故天降丧于殷，罔爱于殷，惟逸。天非虐，惟民自速辜。"意思说，上天在殷邦降下了灾祸，不喜欢殷国，是因为纣王贪图享乐；上天并不暴虐，只是殷商的臣民自己招来罪罚。《尚书·召诰》记载召公对成王说："皇天上帝改厥元子，兹大国殷之命，惟王受命……"意谓皇天上帝改变了他的长子（即天子），结束了殷国的福命，让成王接受了治理天下的大命。这些文献，反映了周人的天命观念。

《诗经》中有不少内容也反映了西周及东周早期先民的天命意识。《大雅·烝民》："天生烝民，有物有则，民之秉彝，好是懿德。"意谓人民善良的德性来自于天赋。《大雅·召旻》："昊天疾威，天笃降丧。瘨我饥馑，民卒流亡。"意思说，上天施威，降下灾荒，使人民流亡丧命。《大雅·板》："天之牖民，如埙如篪，如璋如圭，如取如携……敬天之怒、无敢戏豫。"意即上天引导人民，像埙与篪的和洽，像璋与圭的合璧，像取与携的合一；敬重上天的威怒，不敢当作儿戏。《小雅·节南山》："昊天不佣，降此鞫讻。昊天不惠，降此大戾。"这是抱怨上天不均不惠，降下凶灾大难来惩罚人民。《小雅·雨无正》："浩浩昊天，不骏其德。降丧饥馑，斩伐四国。"这是抱怨上天不能长赐恩德，而降下饥荒，斩伐四方邦国。《小雅·巧言》："悠悠昊天，曰父母且……昊天已威，予慎无罪。"意谓悠悠上天，是我父母；上天威严，我要小心谨慎，避免犯罪。《商颂·殷武》："天命降监，下民有严。不僭不滥，不敢怠遑。"意思说，上天命令监视下民，天下民众感到惊慌，不敢越礼无度，不敢懈怠。《诗经》包括《风》《雅》《颂》。《雅》和《颂》多是西周王室和贵族之作，为西周史料。《风》主要是东周时期收集的十五个国家和地区的民间诗歌，其中多数是传诵的西周史料，少部分是春秋史料。西周先民将各种无法理解的自然灾害及社会现象都归因于上天，认为天主宰一切，决定人的命运，因此对之非常敬畏。

周人虽然继承了殷人敬天尊神的文化，但不像殷人那样笃信天命。周朝的统治者一方面以天神观念作为号召百姓的舆论工具或政治手段，如上述《大诰》《康诰》《酒诰》等表示的内容，另一方面也对天的绝对权威表示了怀疑。《尚书·君奭》记载周公对召公说："天不可信。我道惟文王德延，天不庸释于文王受命。"意谓上天不可信，我们只要施行德政，就可以使事业昌盛，不需要上天的受命。《诗经·大雅·文王》说："天命靡常。"又说："聿修厥德，永言配命，自求多福。""靡"，即无。天命无常，不可靠，这与《君奭》的认识是一致的。由信天到疑天、信人，这是认识上的巨大进步。

从周初至春秋战国时期，先民们不仅以天表示上帝，也用其表示与地相对应的宇宙苍穹和与人类社会相对应的自然界。《尔雅·释天》称："穹苍，苍天也。春为苍天，夏为昊天，秋为旻天，冬为上天。"许慎《说文》谓："天，颠也。至高无上，从一大。"刘熙《释名》说："天，显也，在上高显也。"这些"天"，都是指巍巍在上的宇宙苍穹，有时也指自然界。

殷周先民对上天的敬畏，是天人合一观念的早期表现。这种观念在古代有着长期的影响与表现。

二、先秦儒家的"人与天地参"思想

儒家主张人应知天、事天，赞天地之化育，与天地相参。这些都是天人合一思想的体现。

《论语》约一万二千七百字，是反映孔子思想的主要文献，其中除复音词如"天下""天子""天道"之类外，单言"天"字十八次，其含义包括自然之天和主宰之天。

孔子说："天何言哉？四时行焉，百物生焉，天何言哉？"①意谓天什么也没有说，四时照样运行，万物照样生长。这个"天"是自然之天。

《论语》中记载了多条孔子谈及"天"的言论，如："天生德于予，桓魋其如予何？"②"不怨天，不尤人。下学而上达。知我者，其天乎！"③"天之将丧斯文也，后死者不得与于斯文也；天之未丧斯文也，匡人其如予何？"④"获罪于天，无所祷也。"⑤"颜渊死。子曰：'噫！天丧予！天丧予！'"⑥这些表述中的"天"，都是指主宰之天。

孔子很少谈论义理之天。子贡说："夫子之文章，可得而闻也；夫子之言性与天道，不可得而闻也。"⑦"天道"，即天的法则。

孔子所认为的天，已经与西周人所畏惧的天有很大不同。天不再是那种威严可怖的神灵，而是具有一定的人性。它赋予人以德性，显示出一些规则，让人遵守。

孔子强调"知天命"与"畏天命"。他在总结自己的成长过程时

①《论语·阳货》。
②《论语·述而》。
③《论语·宪问》。
④《论语·子罕》。
⑤《论语·八佾》。
⑥《论语·先进》。
⑦《论语·公冶长》。

说："吾十有五而志于学，三十而立，四十而不惑，五十而知天命，六十而耳顺，七十而从心所欲，不逾矩。"① 在这个过程中，"知天命"是关键阶段，只有"知天命"之后，才能"耳顺"，才能"从心所欲，不逾矩"，达到自由境界。孔子所说的"知天命"，是指对天人关系的领悟，达到天人合一的境界。"孔子所说的天，已经基本完成了由人格神到自然界的根本转变，同时又保留了其神圣性的意义，将天理解为创造生命的、有价值意义的有机自然，其生命创造的价值即表现为向善的目的性，因而成为人的神圣使命，这就是所谓'天命'。"②

孔子一方面主张"知天命"，另一方面又提出"畏天命"。他说："君子有三畏：畏天命，畏大人，畏圣人之言。小人不知天命而不畏也。"③ "畏"，即敬畏。自然界万物的生杀，四时的更替，显示出固有的秩序及法则。人世间行为处事，也有一些有形的或无形的规则。不遵守这些规则，就会受到惩罚。这种惩罚是无可逃避的，冥冥之中具有神圣性，不可不畏。"畏天命"是以"知天命"为前提的，只有知其可畏，才能自觉地调整自己的行为，避免受到惩罚。孔子所提倡的"知天命"与"畏天命"，实质上是强调人与社会、与自然的和谐一致，即达到天人合一。

孟子论述的天，也有几种含义。一是自然之天，如："天油然作云，沛然下雨，则苗浡然兴之矣。"④ "天时不如地利，地利不如人和。"⑤ "天之高也，星辰之远也，苟求其故，千岁之日至，可坐而致也。"⑥ 二是义理之天，如："存其心，养其性，所以事天也。"⑦ 君子"仰不愧于天，俯不怍于人"⑧。三是主宰之天，如："夫天未欲平

---

①《论语·为政》。
②蒙培元：《蒙培元讲孔子》，北京：北京大学出版社，2005，49。
③《论语·季氏》。
④《孟子·梁惠王上》。
⑤《孟子·公孙丑下》。
⑥《孟子·离娄下》。
⑦⑧《孟子·尽心上》。

治天下也；如欲平治天下，当今之世，舍我其谁也？"① "天之生此民也，使先知觉后知，使先觉觉后觉也。"② "故天将降大任于是人也，必先苦其心志，劳其筋骨，饿其体肤，空乏其身。"③ "君子创业垂统，为可继也；若夫成功，则天也。"④ "顺天者存，逆天者亡。"⑤ 这些言论反映了孟子对天人关系的认识。

孟子提出"知性""知天""事天""立命"相统一的主张，认为人"尽其心者，知其性也。知其性，则知天矣。存其心，养其性，所以事天也。夭寿不二，修身以俟之，所以立命也"⑥。在孟子看来，人的本性是天赋予的，充分扩展善良的本心，就懂得了人的本性；懂得了人的本性，即能认识天性；通过存心、养性等途径，可以达到与天合一。孟子认为："性是内在的，又是超越的，内在于人为人性，超越于人，则与天命、天道为同质，所以尽心可以知性，知性就可以知天。"⑦ 孟子所说的"知天"，是从思想上、精神上与天实现统一，"事天"是从实践上、修养上与天实现统一，"立命"则是人生修养的终极关怀⑧。

张岱年先生认为：中国古代的天人合一有两种意思：一是天人本来合一，二是天人应归合一。前者又可分为两说：一是天人相通，二是天人相类。所谓天人相通，即认为天与人不是相互分离的两物，而是息息相通之整体；并且认为天是人伦道德的本原，人伦道德原出于天；天的根本德性隐含于人的心性之中；天道与人道是一以贯之的。⑨ 孟子是天人相通观念的首倡者。西汉董仲舒以"人副天数"理论论述了天人相类思想。

---

① 《孟子·公孙丑下》。
② 《孟子·万章上》。
③ 《孟子·告子下》。
④ 《孟子·梁惠王下》。
⑤ 《孟子·离娄上》。
⑥ 《孟子·尽心上》。
⑦ 韦政通：《中国思想史》（上），上海：上海书店出版社，2004，184。
⑧ 蒙培元：《蒙培元讲孟子》，北京：北京大学出版社，2006，109。
⑨ 张岱年：《中国哲学史大纲》，北京：中国社会科学出版社，1997，173~181。

《中庸》也有与孟子类似的观点，其中说："诚者，天之道也；诚之者，人之道也。诚者，不勉而中，不思而得，从容中道，圣人也。"并且强调："唯天下至诚，为能尽其性；能尽其性，则能尽人之性；能尽人之性，则能尽物之性；能尽物之性，则可以赞天地之化育；可以赞天地之化育，则可以与天地参矣。"诚是天之道，人达到诚的境界即与天道合一。至诚是圣人的标志，是人与天地合其德的表现。"赞"，是辅佐、帮助。"参"，是配合、一致。人"与天地参"，即与天地和谐、一致。

战国后期儒家著作《易传》对天人关系也进行了讨论，其中论述的天，既有主宰之天，也有自然之天及义理之天，内容相当丰富。《大有》卦象传说："大有上吉，自天佑也。"《无妄》卦象传说："动而健，刚中而应，大亨以正，天之命也。"《萃》卦象传说："用大牲吉，利有攸往，顺天命也。"《兑》卦象传说："刚中而柔外，说以利贞，是以顺乎天而应乎人。"《系辞传》说："君子居则观其象而玩其辞，动则观其变而玩其占。是故自天佑之，吉无不利。"这些表述中的"天"，都是主宰之天。《乾》卦象传说："大哉乾元，万物资始，乃统天。"《坤》卦象传说："至哉坤元，万物资生，乃顺承天。"《屯》卦象传说："雷雨之动满盈，天造草昧，宜建侯而不宁。"《益》卦象传说："天施地生，其益无方。"《系辞传》说："在天成象，在地成形，变化见矣。"这些"天"，都是自然之天。《乾》卦文言传说："乾元用九，乃见天则。"《复》卦象传说："反复其道，七日来复，天行也。"《恒》卦象传说："天地之道，恒久而不已。"这些"天"，指义理之天。《易传》中这些"天佑""天命""顺天""天则"观念，反映的都是天人合一思想。《乾》卦文言传描述了一种天人合一的最高境界："夫大人者，与天地合其德，与日月合其明，与四时合其序，与鬼神合其吉凶。先天而天弗违，后天而奉天时。天且弗违，而况于人乎？况于鬼神乎？""大人"即圣人，是儒家追求的理想人格。儒家认为，圣人应有赞天地之化育、与天地和其德、与四时合其序的能力。这正是天人合一的最高境界。

孔子与孟子多是从个人修养角度强调天人合一。同样，对于国家治理、社会活动，儒家也主张依循天人合一的原则，如《礼记·礼运》篇说："圣人参于天地，并于鬼神，以治政"；"圣人作则，必以天地为本，以阴阳为端，以四时为柄，以日星为纪……"礼和乐是儒家提倡的治理国家及教化民众的重要手段。《礼记·乐记》说："古圣人作乐以应天，制礼以配地。礼乐明备，天地官矣。"又说："大乐与天地同和，大礼与天地同节。和，故百物不失；节，故祀天祭地。"可见，儒家认为，礼和乐的制订都需与天地保持一致。《礼运》篇说："礼必本于天，动而之地，列而之事，变而从时。"同书《礼器》篇也说："礼也者，合于天时，设于地财，顺于鬼神，合于人心，理万物者也。"荀子也称："礼，上事天，下事地，尊先祖而隆君师，是礼之三本也。"①这些都是强调礼的制订，既要合于人心，更要本于天地。

儒家主张知天、顺天，做事以天地为本，同天地合德，与天地相参。就个人而言，他们强调"人与整个宇宙自然合一，即所谓尽性知天、穷神达化，从而得到最大快乐的人生极致"。②

三、老庄的"人与天一"思想

道家也强调天人合一，但他们否认有意志之天存在。儒家所说的天，多指意志之天；而道家所说的天，主要是指自然之天。《庄子·秋水》说："何谓天？何谓人？曰：牛马四足，是谓天；落马首，穿牛鼻，是谓人。"《鹖冠子·度万》也说："所谓天者，言其然物而无胜者也；所谓地者，言其均物而不可乱者也。"这些"天"表示的都是宇宙自然界。

①《荀子·礼论》。
②李泽厚：《中国古代思想史论》，北京：三联书店，2012，329。

老子认为天道自然无为，人法天道，也应"为无为，事无事"[①]，"辅万物之自然而弗敢为"[②]。人法自然，与自然保持一致，即是道家提倡的天人合一。

老子还认为，天道具有公平性和正义性。他说："天道无亲，恒与善人；"[③]"天之道，利而不害；"[④]"天之道，损有余而补不足；人之道则不然，损不足以奉有余。"[⑤]天道公平，人道自私，因此，老子主张人道效法天道。

庄子比老子更明确地论述了天人合一思想。

庄子认为，天与人本来就是合一的，只是由于人的主观区分，才有了天与人的分离、主体与客体的对立。所谓"天地与我并生，而万物与我为一"[⑥]，强调的就是天人并生、物我一体观念。

真人是庄子追求的人生理想境界，《庄子·大宗师》描述了真人体道的境界，认为能够做到"天人合一"，就是真人的最高境界。其中说："古之真人不逆寡，不雄成，不谟士。若然者，过而弗悔，当而不自得也；若然者，登高不栗，入水不濡，入火不热。是知之能登假于道者也若此。古之真人，其寝不梦，其觉无忧，其食不甘，其息深深。真人之息以踵，众人之息以喉。屈服者，其嗌言若哇。其耆欲深者，其天机浅。古之真人，不知说生，不知恶死；其出不䜣，其入不距；翛然而往，翛然而来而已矣。不忘其所始，不求其所终；受而喜之，忘而复之，是之谓不以心损道，不以人助天。是之谓真人。"真人具有一系列常人所不具备的能力和修养。真人的这种境界，真正达到了"天人合一"的境界。庄子以此告诉人们，人生的境界本来应是天人合一的，只是现实中的人没有做到而已。因此，他说："故其好之也一，其弗好之

---

① 《老子》，第六十三章。
② 《老子》，第六十四章。
③ 《老子》，第七十九章。
④ 《老子》，第八十一章。
⑤ 《老子》，第七十七章。
⑥ 《庄子·齐物论》。

也一。其一也一，其不一也一。其一与天为徒，其不一与人为徒。天与人不相胜也，是之谓真人。"①意谓不论人喜欢不喜欢，天与人都是合一的，不管人认为合一或不合一，天与人也都是合一的。认为天与人是合一的，就是与自然同类；认为天与人是不合一的，就是与人同类。②与自然同类，就是天人一体，物我不分，达到了"天与人不相胜"的境界。《齐物论》有庄周梦蝶的故事，"不知周之梦为胡蝶与，胡蝶之梦为周与？"这里表达的也是主体与客体交感会通，达到了相互混合的境界。

道家认为，以恬淡无为的态度对待生活，可以达到养生的效果。《庄子·达生》篇讨论了养生之道，其中说，世人以为保养形体便是保存生命，其实，保养形体并不足以保存生命。尽管如此，人们还是这样做，因而就会造成形体劳累、精神疲惫。为了免除疲劳，不如舍弃俗世，忘记生命。舍弃俗世则形体不劳，遗忘生命则精神不亏，这样即可"形全精复，与天为一"。"复"，读为"备"，古字二者互通③。形体健全，精神充沛，与自然合而为一，即可保持生命长久。所谓舍弃尘世、忘记生命，就是要人清心寡欲，回归自然，不为各种欲望所累。

《庄子·山木》篇也强调了"天人合一"观念。文中问道："何谓人与天一邪？"然后借孔子之名答曰："有人，天也；有天，亦天也。人之不能有天，性也；圣人晏然体逝而终矣！"意思说，人为的事，是出于自然的；自然的事，也是出于自然的。人为所以不能保全自然，是由于人的本性的限制。只有圣人能够安然地顺随自然而变化，达到"人与天一"的境界。所以，"人与天一"，就是强调人与自然协调、合一。《庄子·秋水》篇说"无以人灭天，无以故灭命"，表达的也是这种意思。《庄子·刻意》篇说："圣人之生也天行，其死也物化；静而与阴同德，动而与阳同波。""去知与故，循天之理。故无天灾，无物

---

① 《庄子·大宗师》。
② 陈鼓应：《庄子今注今译》，北京：中华书局，2009，195。
③ 陈鼓应：《庄子今注今译》，北京：中华书局，2009，502。

累，无人非，无鬼责。""虚无恬淡，乃合天德。"顺天行，循天理，合天德，强调的都是与天合一。

《庄子·知北游》在论述人与天地的关系时说："汝身非汝有也……孰有之哉？曰：是天地之委形也。生非汝有，是天地之委和也。性命非汝有，是天地之委顺也。子孙非汝有，是天地之委蜕也。"委，是托付，赋予。人的一切都是天地赋予的，是自然造化的结果，无法独立于天地自然之外，这也是天人合一思想的表露。

庄子主张"圣人法天贵真"[①]。所谓真者，是受自于天、不可移易的自然本性。尊重天然赋予的东西，不违背事物的本性，就是法天，与天合一。

道家主张人法天，人道效法天道。墨家也主张法天，不过，墨家所说的天是主宰之天。墨子说："天之行广而无私，其施厚而不德，其明久而不衰，故圣王法之。既以天为法，动作有为必度于天，天之所欲则为之，天所不欲则止之。然而天何欲何恶者也？天必欲人之相爱相利，而不欲人之相恶相贼也。""爱人利人者，天必福之。恶人贼人者，天必祸之。"[②]墨子相信："顺天意者，兼相爱，交相利，必得赏。反天意者，别相恶，交相贼，必得罚。"[③]墨家认为，天是有意志的，对人类有惩恶奖善作用；人法天，就是以天的意志行事。显然，墨家的天人合一思想与道家有很大区别。

四、黄老道家的"顺天"思想

天人合一是先秦时期的主流社会意识，诸子百家自觉或不自觉地都从不同的角度对之进行了阐述。如上所述，孔、孟、老、庄、墨等，虽

---

① 《庄子·渔父》。
② 《墨子·法仪》。
③ 《墨子·天志上》。

然对"天"的理解不同，但都强调了践行天人合一的重要性。

战国秦汉时期的黄老道家，把老子的"无为之道"发展成"静因之道"。他们不追求像庄子那样超然物外的精神放达，而是积极探求为君为臣的治世之术。黄老道家在阐述自己的治国、处世、养生理念过程中，同样强调了法天、顺天的天人合一思想。

《文子·符言》篇有一段关于道的论述，其中说："道不可以劝就利者，而可以安神避害。故尝无祸，不尝有福；尝无罪，不尝有功。道曰：'芒芒昧昧，从天之威，与天同气。'无思虑也，无设储也，来者不迎，去者不将。人虽东西南北，独立中央。故处众枉，不失其直；与天下并流，不离其域。不为善，不避丑，遵天之道。不为始，不专己，循天之理。不豫谋，不弃时，与天为期。不求得，不辞福，从天之则。"道，是道家提倡的行为准则。以道行事，可以安神避害，不求得福，可以无祸；不求有功，可以无罪；可以安然顺处，不将不迎。之所以有诸如此类的效果，是因为以道行事，要求人"从天之威""遵天之道""循天之理""与天为期""从天之则"，即与天合一。

文子论述帝王治国理政的纲领时说："昔者之圣王，仰取象于天，俯取度于地，中取法于人。调阴阳之气，和四时之节，察陵陆水泽肥墩高下之宜，以立事生财，除饥寒之患，辟疾疢之灾。中受人事以制礼乐，行仁义之道以治人伦。列金木水火土之性，以立父子之亲而成家；听五音清浊、六律相生之数，以立君臣之义而成国；察四时孟仲季之序，以立长幼之节而成官；列地而州之，分国而治之，立大学以教之，此治之纲纪也。得道则举，失道则废。"[①]在文子看来，天地之象、阴阳之气、四时之节、五行之性、五音六律之数、四季十二月之序等等，都是行政立法所应参考的因素。由此充分体现了人道效法天道的理念。

文子也论述了无为之治："清静之治者，和顺以寂寞，质真而素朴，闲静而不躁，在内而合乎道，出外而同乎义；其言略而循理，其行

---

① 《文子·上礼》。

悦而顺情，其心和而不伪，其事素而不饰。不谋所始，不议所终，安即留，激即行，通体乎天地，同精乎阴阳，一和乎四时，明朗乎日月，与道化者为人，机械诈伪莫载乎心。是以天覆以德，地载以乐，四时不失序，风雨不为虐，日月清静而扬光，五星不失其行，此清静之所明也。"① 做到淡泊宁静，安时处顺，通乎天地，精乎阴阳，和乎四时，朗乎日月，就是天人合一。如此即能天覆以德，地载以乐，四时不失序，风雨不为虐，达到无为而无不治的效果。

文子认为，无论是帝王，还是诸侯，要成就霸业，都要做到与天地自然合一，即所谓"帝者体太一，王者法阴阳，霸者则四时，君者用六律"。他并且论述说："体太一者，明于天地之情，通于道德之伦，聪明照于日月，精神通于万物，动静调于阴阳，喜怒和于四时。""法阴阳者，承天地之和，德与天地参，光明与日月并照，精神与鬼神齐灵。"②

不仅治国需要与天为一，修身也一样。文子说，要成为长生久视的"真人"，不仅要"贵治身而贱治人，不以物滑和，不以欲乱情"，"为无为，事无事，知不知"，更重要的是"怀天道，包天心，嘘吸阴阳，吐故纳新，与阴俱闭，与阳俱开，与刚柔卷舒，与阴阳俯仰，与天同心，与道同体"③。

文子说："大人与天地合德，与日月合明，与鬼神合灵，与四时合信，怀天心，抱地气，执冲含和。"④ 这是对人的总体要求，能够以此行事，无论治国还是修身，都可以获得理想的效果。

《管子》中的一些篇章及《黄老帛书》都属于战国时期道家的作品，其中也论述了天人合一思想。

道家提倡自然无为之道，也称天道。《管子·形势》篇对遵守天道的重要性作了比较充分的论述，其文说："持满者与天，安危者与人。

---

①②《文子·下德》。

③《文子·道原》。

④《文子·精诚》。

失天之度，虽满必涸。上下不和，虽安必危。欲王天下而失天之道，天下不可得而王也。得天之道，其事若自然；失天之道，虽立不安。"人都希望"持满"不衰，要达到这种效果，就必须遵循天道行事。如果违背天道，即使满盛，终究也会枯竭。遵循天道，统一天下的事业便会自然而成；违背天道，即使成功了也不能保持长久。该篇还指出："万物之于人也，无私近也，无私远也，巧者有余，而拙者不足；其功顺天者天助之，其功逆天者天违之；天之所助，虽小必大；天之所违，虽成必败；顺天者有其功，逆天者怀其凶，不可复振也。""顺天"就是顺从自然，做到天人合一。违背自然，就会受到惩罚。《管子·宙合》篇主张"圣人参于天地"；《白心》篇强调"上之随天，其次随人"；《五行》篇说："人与天调，然后天地之美生。"这些都是强调人与自然协调一致的重要性，表达了天人合一思想。

《黄老帛书》也强调人的行为应顺从天道，其中《十大经》说："夫民仰天而生，恃地而食，以天为父，以地为母。""顺天者昌，逆天者亡。毋逆天道，则不失所守。""天道环周……静作得时，天地与之；静作失时，天地夺之。""故王者不以幸治国，治国固有前道：上知天时，下知地利，中知人事。"视天地为父母，意识到顺天者昌、逆天者亡，以天时、地利、人和治国，这些都体现了天人合一思想。

《黄老帛书·经法》说："王天下者之道，有天焉，有地焉，有人焉，三者参用之，而有天下矣。"天、地、人三者协调，才能够治理好国家。而且国家的政令要与自然界的变化保持一致，即所谓"天有死生之时，国有死生之正（政）。因天之生也以养生，谓之文；因天之杀也以伐死，谓之武。文武并行，则天下从矣"。自然界，春季万物生发，秋季万物凋零。先秦时期，国家的一些政令也仿照自然界的春生秋杀而设立，如春季不许杀戮一切生灵，包括判处死刑的犯人，也不可发动战争；到了秋季才可以杀生，处决犯人，发动战争。《吕氏春秋·十二纪》《礼记·月令》等对此都有明确规定。古人主张"动静参于天地"，这是天人合一思想在治国理政中的明确体现。

《黄老帛书·经法》篇提出了"人强胜天"思想，其文曰："天地无私，四时不息。天地立，圣人故载。过极失当，天将降殃。人强胜天，慎避勿当。天反胜人，因与俱行。先屈后伸，必尽天极，而毋擅天功。"由于天地的公正无私，才有四时交替、万物生息的正常运行。由于天地各当其位，圣人才能够成就万物。如果人的行为超过了天道所限定的准则，则会受到天降祸患的惩罚。人可以强行胜天，但应谨防行为不当；天可以胜人，人应因循其行事。人应做自己所能做的事情，不必抢夺天功。《经法》篇虽然指出人强可以胜天，但强调的主体思想还是要求人们不要违背自然规律，与天地保持一致。

《鹖冠子》是战国末期黄老道家的著作，其中说："天者，万物所以得立也。地者，万物所以得安也。故天定之，地处之，时发之，物受之，圣人象之。"并且提出"明主之治世"，"与天与地，建立四维，以辅国政"，"经气有常理，以天地动。逆天时不祥，有祟"①。该书《度万》篇强调"天人同文，地人同理"，如果"上乱天文，下灭地理"，就会有灾难发生。这些论述表达的都是天人合一思想。

天人合一既有天人相通的涵义，也有天人相类的涵义。所谓天人相类，即人与天同类、相像。这种思想首先是由《文子》提出的。古代流行天圆地方观念和阴阳、五行思想，据此，《文子·九守》将人体结构比附于宇宙自然现象，认为人"头圆法天，足方象地。天有四时、五行、九曜、三百六十日，人亦有四支、五藏、九窍、三百六十节。天有风雨寒暑，人有取与喜怒。胆为云，肺为气，脾为风，肾为雨，肝为雷。人与天地相类，而心为之主，耳目者日月也，血气者风雨也"。《淮南子·精神训》也有与此类似的论述，其中强调人体结构与天地、四时、五行等类似，因此可以"与天地相参"。《淮南子·天文训》说："天有九重，人亦有九窍；天有四时以制十二月，人亦有四肢以使十二节；天有十二月以制三百六十日，人亦有十二肢以使三百六十节。

---

① 《鹖冠子·道端》。

故举事而不顺天者，逆其生者也。"这种比附，显然粗俗不类，但其目的是要论证天人合一的合理性。人与天地相类，因而天人本来即是合一的。之后，董仲舒发挥了这种理论，提出了一套完整的"人副天数"学说，认为人的形体、性情、道德等都是副于天数而生，因此"以类合之，天人一也"①。由此为其"天人感应"思想奠定了理论基础。

虽然天人合一观念在中国古代长期处于主导地位，但天人相分思想也有一定的表现。《文子·上义》篇说："凡学者，能明于天人之分，通于治乱之本，澄心清意以存之，见其终始，反于虚无，可谓达矣。"《郭店楚简·穷达以时》篇也说："有天有人，天人有分。察天人之分，而知所行矣。"明于天人之分，即意识到人相对于天的独立性。这是认识上的进步，是古人在思想观念上获得自由的表现。人类的生存，既要受制于天，也要在一定程度上克服天的制约。明白天与人各有自己的优势，在此基础上强调人既要遵循天道，也应发挥主观能动作用，进行积极的治理，争取达到最为有利的结果，这才是一种正确的天人关系理念。

作为天人合一思想的必要补充，战国后期，儒家学说的集大成者荀子作《天论》，提出了明确的天人相分思想。荀子主张"明于天人之分"和"制天命而用之"。《天论》篇开头即指出："天行有常，不为尧存，不为桀亡，应之以治则吉，应之以乱则凶。强本而节用，则天不能贫；养备而动时，则天不能病；修道而不贰，则天不能祸。故水旱不能使之饥渴，寒暑不能使之疾，祅怪不能使之凶。本荒而用侈，则天不能使之富；养略而动罕，则天不能使之全；倍道而妄行，则天不能使之吉。故水旱未至而饥，寒暑未薄而疾，祅怪未至而凶。受时与治世同，而殃祸与治世异，不可以怨天，其道然也。故明于天人之分，则可谓至人矣。"荀子所说的天，是自然之天。他认为，自然界有自己的运行规律，不依人类的意志为转移，人"应之以治则吉，应之以乱则凶"，人类社会的祸福是由人类自己造成的。

---

① 《春秋繁露·阴阳义》。

"明于天人之分"，即认识到人与天各有不同的职能。荀子指出，"列星随旋，日月递照，四时代御，阴阳大化，风雨博施，万物各得其和以生，各得其养以成，不见其事而见其功"，这些就是天的职能。"不为而成，不求而得，夫是之谓天职。"[①]人应做自己所能做的事，"知其所为，知其所不为"，"不与天争职"[②]。

人虽然"不与天争职"，但可以"制天命而用之"。荀子说："大天而思之，孰与物畜而制之？从天而颂之，孰与制天命而用之？望时而待之，孰与应时而使之？因物而多之，孰与骋能而化之？思物而物之，孰与理物而勿失之也？愿于物之所以生，孰与有物之所以成？故错人而思天，则失万物之情。"[③]在荀子看来，尊天而思慕之，不如畜天所生万物而利用之；颂扬天之美德，不如掌握天道而加以利用；与其盼望天时而等待好的收成，不如适应季节而主动使作物生长；听任作物自然增长，不如发挥人的智能使其更多地化育；思物而贮之，不如治物而勿失之；希望万物自己蕃衍，不如设法促进物类的生成与发展。舍弃人为而妄想天赐，与情理不合，虽劳心苦神而终无所获。他提醒人们，不要"错人而思天"，要"制天命而用之"。制是裁取，选择。"制天命而用之"，就是选取某些自然规律加以合理利用。荀子还强调："天有其时，地有其财，人有其治，夫是之谓能参。"[④]意即天有运行四时的能力，地有生养万物的能力，人有治理事物的能力，各有自己的优势，三者并立。

荀子的这种思想，对后人产生了深远的影响。唐代刘禹锡作《天论》，提出了"天与人交相胜"思想。刘禹锡指出："人不宰则归乎天也，人诚务胜乎天者也……天无私，故人可务乎胜也。"天道自然、无私，人如果认真谋划，主动行事，就可以胜天。他强调：人的优势在于"能执人理，与天交胜，用天之利，立人之纪"[⑤]。天无私无谋，人有谋略、能治理、善利用，这是人优胜于天之处。北宋张载也指出："气

---

①②③④《荀子·天论》。
⑤刘禹锡：《天论》，下篇。

与志，天与人，有交胜之理。"①元代刘祁说得更为明确："人定亦能胜天，天定亦能胜人。"②明代丘濬也说："人力之至，亦或可以胜天。"③明末清初王夫之也说："人定而胜天，亦一理也。"④可见，自荀子之后，人可以胜天的思想代有人言。古人认为，在一定的条件下，只要发挥主观能动性，人是可以胜天的。尽管如此，顺天、合天思想，仍然是中国古代的主流意识。中国传统文化的一个重要特点就是主张人与自然的和谐、统一。人定胜天思想，表达的是古人在"不与天争职"的情况下对现实的主动改造。

在对于天人关系的认识上，天人合一与天人相分是互补的两个方面，各自都有合理性。

天人合一思想强调知天、顺天、则天，强调道法自然、人与天调，这是一种生存智慧，是古人处理人与自然关系的基本原则。古人做事讲究具备天时、地利、人和，这是天人合一思想的普遍体现。中国古代的农业生产最重视天人合一。荀子说："农夫朴力而寡能，则上不失天时，下不失地利，中得人和，而百事不废。"⑤《吕氏春秋·审时》篇也说："夫稼，为之者人也，生之者地也，养之者天也。"中国传统农业强调"不违农时""因地制宜"，这是农业发展的基本规律。中国古代的手工业生产也受到过天人合一思想的影响。《考工记》是战国时期的手工业技术专著，其中反复强调，为了保证制作的器物质量优异，工匠要做到应天时、得地气、材质美、工艺巧。书中指出："天有时，地有气，材有美，工有巧，合此四者，然后可以为良。材美、工巧，然而不良，则不时，不得地气也。"意谓即使是"材美工巧"，如果不应天时、不得地气，仍然做不出优良的器物。具体而言，如"轮人"制作车轮，要求"斩三材必以其时，三材既具，巧者和之"。"弓人"作弓，

---

① 张载：《正蒙·太和》。
② 刘祁：《归潜志》。
③ 丘濬：《大学衍义补》。
④ 王夫之：《续春秋左氏传博议》，卷下。
⑤ 《荀子·王霸》。

要求"取六材必以其时，六材既聚，巧者和之"。"凡为弓，冬析干而春液角，夏治筋，秋合三材，寒奠体，冰析灂。"书中并且提出："材美，工巧，为之时，谓之叁均。"这些要求，都体现了人工与自然的合一性，目的是保证技术产品的质量。世界文明史表明，在处理人与自然界的关系方面，中国古人比西方古人高明，其中的重要原因之一就是中国人长期奉行天人合一的理念。

天人相分思想强调"明于天人之分""制天命而用之""天与人交相胜""人定胜天"，主张充分发挥人的主动性，为自己的生存与发展积极创造条件。这种认识，消除了人对于自然界的畏惧与迷信，更为理性地看待人与自然界的关系，对于古代社会的发展同样是非常重要的。

从中国文明发展的历史来看，天人合一与天人相分思想都发挥过重要的作用，但天人合一思想长期居于主导地位，即使是天人相分思想也承认天有自己的优势，也不主张人与天的完全对立。因此，钱穆说："中国传统文化精神，自古以来即能注意到不违背天，不违背自然，且又能与天命自然融合一体。我以为此下世界文化之归趋，恐必将以中国传统文化为宗主。"[1]不过，从自然科学认识活动来看，天人合一观念是不利于科学认识发展的。"近代科学的一个特点就是要摆脱掉天人合一观念，承认人世间有人世间的规律，自然界有自然界的规律，不能把它们合在一起。"[2]科学认识活动是主体认识客体的过程，如果强调主客不分、天人一理，则难以把科学认识的对象独立出来，无法对之进行分析研究，也就难以认识其固有的规律。

李泽厚评价先秦儒家和道家的天人合一思想时说："这种天人合一观念既吸取了原始宗教中的天人认同感，又去掉了它原有的神秘、迷狂或非理性内容，同时却又并未完全褪去它原有的主宰、命定含义，只

---

[1] 钱穆：《世界局势与中国文化》，台北：兰台出版社，2001，380。
[2] 杨振宁：《曙光集》，北京：三联书店，2008，349。

是淡薄了许多；其自然含义的方面相对突出了。"[①]由前述内容可以看出，商周先民对天神的崇拜，就是原始宗教的天人认同；孔子、孟子的天人合一思想，具有明显的主宰、命定含义；而道家的天人合一思想，则表现了突出的自然含义。

---

①李泽厚：《中国古代思想史论》，北京：三联书店，2012，337。

第五章

『复命曰常，知常曰明』
——自然规律观念

荀子说："凡以知，人之性也；可以知，物之理也。"①人有认识事物的能力，而事物有道理存在，是可以被认识的。认识事物，就是认识其属性，掌握其规律。庄子说："天地有大美而不言，四时有明法而不议，万物有成理而不说。圣人者，原天地之美而达万物之理。"②"达万物之理"，就是认识事物的道理。

事物的运动变化具有规律性，这种规律是逐渐被人类所认识的。严格科学意义上的自然规律观念是随着近代科学的建立而逐步形成的，但在此之前，中国和西方古人都对自然界的规律性有所认识。

李约瑟(J. Needham)说："西方文明中最古老的观念之一就是，正如人间帝王的立法者们制定了成文法为人们所遵守那样，天上至高无上的、有理性的造物主这位神明也制定了一系列为矿物、晶体、植物、动物和在自己轨道上运行的星辰所必须遵守的法则。"③他认为，这种造物主为自然万物订立法则的观念使西方人认识到，自然万物的运动变化就像人类的社会活动一样，也必须遵守一定的规则。这种认识对自然科学的发展产生了积极的作用。

中国古代不存在至高无上的造物主为万物立法的观念，而是认为自然万物的运动变化遵循内在的规律，并以"道""理"等概念表示各种规律。在中国古人看来，"道"和"理"是事物所固有的，并非来自某个权威的规定或命令。因此，李约瑟认为，中国古代不存在自然法则概念。并且认为，这种状况是不利于自然科学发展的。由于中国古人强调宇宙万物的内在和谐与统一，而不是外在的戒律或规定，因此，李约瑟认为，中国古代所可能发展出来的自然科学"必然是深刻地有机的，而

①《荀子·解蔽》。
②《庄子·知北游》。
③ 李约瑟：《中国科学技术史》，第二卷，北京：科学出版社，上海：上海古籍出版社，1991，551。

非机械的"。①李约瑟所说的自然法则，强调了其外在的规定性，它是造物主对自然万物的约束，万物必须服从。中国古代的确不存在这种意义上的自然法则观念。但是，这不等于中国古人对自然万物运动变化的规律没有认识。中国古人认为，事物的规律是内在于事物之中的，通过对事物运动变化情况的观察，是可以认识其规律的。事实上，尽管中国古代缺乏西方那种上帝创造意义上的自然法则观念，但并不缺乏对事物规律性的认识和由此而形成的自然规律观念。

中国古人在长期的生活实践和各种认识活动中，对一些事物运动变化的规律性进行过反复的探索和思考，形成了一系列具有规律性内涵的概念，如"常""道""理""数""则"等等。虽然中国古人对一些自然规律的具体内容了解得并不深入，但他们很早就认识到宇宙万物的运动变化是有规律的，并且认识到遵循和利用自然规律的重要性。

先秦道家对于宇宙万物的规律性以及遵循规律的重要性，进行过自觉的探索和思考。李约瑟认为，道家思想"虽然是深刻的而又富有灵感的，但或许是由于他们极度不信任理性和逻辑的力量的缘故，所以并未能发展出任何类似于自然法则观念的东西"②。李约瑟的这种评价未免有失偏颇。他是基于对"自然法则"作如前面所述的那种理解而得出这种认识的。正是基于这种认识，他认为胡适把"道"译为"自然的法则"的提议，"是绝对不能容许的"③。李约瑟认为"道"是宇宙秩序，而不是自然法则。也许在他看来，秩序是内在的、固有的，而法则是外在的、被赋予的。依据现存的文献史料看，在先秦诸子学派中，道家比其他学派更为重视对于自然万物的道理或规律的认识与思考，形成了明确的自然规律观念。

---

① 李约瑟：《中国科学技术史》，第二卷，北京：科学出版社，上海：上海古籍出版社，1991，619。
② 李约瑟：《中国科学技术史》，第二卷，北京：科学出版社，上海：上海古籍出版社，1991，578。
③ 李约瑟：《中国科学技术史》，第二卷，北京：科学出版社，上海：上海古籍出版社，1991，597。

一、万物运动的规律性："天地固有常"

常，义为永恒的、固定不变的，也指法则、规律，是先秦古人用以表示事物的不变性及规律性的基本概念之一。《诗经·国风·鸨羽》说："悠悠苍天，曷其有常？"其中的"常"，即指常规、法则。

日月星辰东升西落，重复出现，具有规律性，这种规律容易为先民所认识。春秋时期越国政治家范蠡说："天道皇皇，日月以为常，明者以为法，微者则是行。"①"天道"即自然规律，"常"即法则。古人发现，日月星辰的运行，宇宙天象的变化，有其不变的秩序和规则。《左传·哀公六年》引《夏书》说："唯彼陶唐，帅彼天常，有此冀方。"《夏书》是后人记述夏代历史的书。"陶唐"即尧帝，"帅"即遵循，"天常"指天道纲常。《尚书》《左传》《国语》中都有不少关于天道、天常的论述。由此说明，春秋时期，古人已初步认识到宇宙万物的运动变化存在某些不变的规则。

老子说："复命，常也；知常，明也。"②这里的"常"，即指事物的运动规律。《庄子·天道》篇说："天地固有常矣，日月固有明矣，星辰固有列矣，禽兽固有群矣。"认识到天地的变化有其固有的常规，日月的运行有其固有的光明，星辰的出没有其不变的秩序，禽兽的活动有其自然的群落，由此反映了道家对这些自然现象运动规律的初步总结。

《管子·形势》篇指出："天不变其常，地不易其则，春秋冬夏不更其节，古今一也。"《形势解》对此解释说："天覆万物，制寒暑，行日月，次星辰，天之常也……天不失其常，则寒暑得其时，日月星辰得其序。"日月运行，寒暖更迭，这是天有其常的表现。正因天不变其常，才有日月运行有序，四时变化有节。也正因如此，人类才能认识一

---

① 《国语·越语下》。
② 《老子》，第十六章。

年四季气候变化的规律，用其为农业生产服务。《逸周书》有《常训》篇，其中说："天有常性，人有常顺。顺在可变，性在不改，不改可因。""常性"，即事物不变的本性。正因事物的本性是不变的，人类才能认识它、因循它，用其为自己服务。

《黄老帛书》指出："天地有恒常，万民有恒事，贵贱有恒位，畜臣有恒道，使民有恒度。"然后解释说："天地之恒常，四时、晦明、生杀、柔刚。万民之恒事，男农、女工。贵贱之恒位，贤不肖不相放。畜臣之恒道，任能毋过其所长。使民之恒度，去私而立公。"①又说："夫天有恒干，地有恒常。合此干常，是以有晦有明，有阴有阳。"②恒，也是常、不变、不已之意。《周易·恒卦》象传说："恒，久也……天地之道，恒久而不已也。"显然，"恒常""恒事""恒位""恒道""恒度""恒干"，都是表示自然规律和人类社会的一些规则。

古代用"常"表示事物的不变性和规律性的论述很多。除上述之外，还如《管子·君臣》篇说："天有常象，地有常形，人有常礼。"《周易·系辞传》说："动静有常，刚柔断矣。"荀子说："天有常道矣，地有常数矣，君子有常礼矣。"③常象、常形、常道、常数、常礼、天地之常、动静之常等等，都是表示事物的不变性或规律性。

观天文，察地理，是古人认识自然规律的基本方式。通过观察天文，可以使人"和阴阳之气，理日月之光，节开塞之时，列星辰之行，知逆顺之变，避忌讳之殃，顺时运之应，法五神之常"；"使人有以仰天承顺，而不乱其常者也"④。文者，象也。天文，即天象，也就是大自然呈现的各种变化现象。通过观察这些现象，古人总结出一些规律性的认识，并用以指导自己的活动。

"常"表示事物的不变性，这种不变性既可以是事物的表面状态，

---

①陈鼓应：《黄帝四经今注今译》，北京：商务印书馆，2007，416。
②陈鼓应：《黄帝四经今注今译》，北京：商务印书馆，2007，428～429。
③《荀子·天论》。
④《淮南子·要略》。

也可以是事物内在本质的反映。有时候，表面现象并不能反映事物的本质属性。因此，包括道家在内，先秦古人以"常"表示事物的不变性和规律性，并不能保证所反映的一定是事物的本质。这说明，古人对各种事物规律性的认识还是肤浅的，还难以将事物的现象与本质、常态与常规明确地区分开来。

道家更习惯于以"道"表示事物的规律或规则。老子说："不窥于牖，以知天道。"①天道，即自然规律。庄子说："天道运而无所积，故万物成；帝道运而无所积，故天下归；圣道运而无所积，故海内服。"②宇宙万物的生演变化有其规律性，所以万物能够生生不息、有条不紊。帝王贤君治理国家也有其规则，因此能够天下归心、四海臣服。宇宙之间，无论自然界还是人类社会，都有自己的运行规律。这正体现了庄子学派对于规律存在的普遍性的认识。

先秦古人认为，天道是公平的，是与人为善的。《国语·周语中》说："天道赏善而罚淫。"《国语·晋语》说："天道无亲，唯德是授。"老子也有这种认识。《老子》第七十九章说："夫天道无亲，恒与善人。"第八十一章说："天之道，利而不害。"第七十七章说："天之道，犹张弓者也，高者抑之，下者举之；有余者损之，不足者补之。故天之道，损有余而补不足。"这些论述，表达了老子的天道无私思想。老子所说的天道，即为自然法则。道家其他学者也有这种思想，如《黄老帛书》说："凡犯禁绝理，天诛必至。"③文子说："天道无亲，唯德是与。"④"天之道，损盈益寡；地之道，损高益下。"⑤"天之道，抑高而举下，损有余补不足。"⑥天道是一种自然存在，不具有意志性，因此，认为其公正无私即可，认为其能够惩恶扬善，则是一种

---

①《老子》，第四十七章。
②《庄子·天道》。
③陈鼓应：《黄帝四经今注今译》，北京：商务印书馆，2007，423。
④《文子·符言》。
⑤《文子·上德》。
⑥《文子·九守》。

出于主观愿望的价值判断。不过，文子又指出："天道无私就也，无私去也，能者有余，拙者不足，顺之者利，逆之者凶。"①天道无私，循其行事，即对自己有利，反之则会造成不好的结果。

"理"字的基本含义为治玉、治理、纹理、条理，也表示事物的道理或规律。《周易·系辞传》说："易简而天下之理得矣。"《管子·四时》篇说："阴阳者，天地之大理也。"《孙膑兵法·奇正》篇说："天地之理，至则反，盈则败。"这些论述中的"理"，即指万物的道理或运动变化的规律。《庄子》中有多处论及万物之理，如《秋水》篇有"明天地之理""论万物之理"，《刻意》篇有"循天之理"，《知北游》有"万物有成理""达万物之理"，《则阳》篇有"万物殊理"，《天道》篇有"顺之以天理"，《渔父》篇有"同类相从，同声相应，故天之理也"。这些论述中的"理"，也都是指道理或规律。"物无妄然，必由其理，统之有宗，会之有元，故繁而不乱，众而不惑。"②宇宙间，每种事物都有其理，才会有条不紊、繁而不乱；也正因事物中有理存在，所以才能够被人类认识和把握。

"道者，理也。"③道和理都表示事物的道理或规律，但两者的含义是有区别的。道家对此已有明确的认识。《庄子·则阳》说："万物殊理，道不私，故无名。"万物各有不同的理，而道不偏私，存在于万物之中。因此，道是天地万物共同的理，也就是天地万物的必然规律。④

《黄老帛书·经法》篇对道与理进行了讨论，其中说："明以正者，天之道也。适者，天之度也。信者，天之期也。极而[反]者，天之性也。必者，天之命也……物各[合于道者]，谓之理。理之所在，谓之[顺]。物有不合于道者，谓之失理。"意思是说，万事万物的明了及确定的特性，是由天道决定的。事物具有的恰当适度的特性，是由天道本

①《文子·精诚》。
② 王弼：《周易略例·明象》。
③《庄子·缮性》。
④ 张岱年：《国学要义》，北京：北京大学出版社，2012，211。

身的度数决定的。事物都具有实在的特性，是因为天道的运行本身就具有确切的周期性。事物发展到极端就会走向自己的反面，这是天道本身的性质决定的。事物都有必然性，这也是由天道本身的命数决定的。如果事物的结果与道的具体特质相符，即称为合理。反之，即为失理。①《经法》篇还说："始于文而卒于武，天地之道也。四时有度，天地之李（理）也。日月星辰有数，天地之纪也。三时成功，一时刑杀，天地之道也。"其中文和武，即《经法》所说的"因天之生也以养生，谓之文；因天之杀也以伐死，谓之武"。"三时"，即春、夏、秋；"一时"指冬。这里"道""理""数""纪"都表示事物的规律性。不过，《经法》篇并未说明道与理的区别。

关于道与理的区别，《韩非子·解老》篇作了明确区分。该篇说："道者，万物之所然也，万理之所稽也。理者，成物之文也；道者，万物之所以成也。故曰：'道，理之者也。'物有理，不可以相薄。物有理不可以相薄，故理之为物之制。万物各异理。万物各异理，而道尽稽万物之理。"稽，是合、同。韩非认为，道是万物的根据和普遍规律，理是事物的形态和特殊规律；道作为普遍规律，是与万物的特殊规律一致的②。不同事物的具体道理不同，而道总括了一切事物的道理，是适用于一切事物的普遍规律。宋代朱熹也说："道是统名，理是细目。"有人问："道与理如何分？"朱熹回答："道便是路，理是那文理。""道字包得大，理是道字里面许多理脉。""道字宏大，理字精密。"③朱熹是在形而下意义上指出道与理的形态区别，以此说明二者在形而上意义上的涵义差别。

理是事物的具体规律，同时也表示事物的表面特征，即纹理。对此，韩非子说得最为明白："有形，则有短长；有短长，则有小大；有小大，则有方圆；有方圆，则有坚脆；有坚脆，则有轻重；有轻重，则

---

① 陈鼓应：《黄帝四经今注今译》，北京：商务印书馆，2007，133。
② 张岱年：《中国哲学大纲》，北京：中国社会科学院出版社，1997，20。
③《朱子近思录》附录：《朱子论性理》，上海：上海古籍出版社，2008，237。

有白黑。短长、大小、方圆、坚脆、轻重、白黑之谓理。理定而物易割也。""凡理者，方圆、长短、粗靡、坚脆之分也，故理定而后物可得道也。"① 长短、方圆、白黑等都是物体的表面形态，都谓之理。不同的文理表示不同的事物，而每一事物都有自己的特性、道理，因此韩非子说"理定而后物可得道也"。司马迁说韩非"喜刑名法术之学，而其归本于黄老"②。韩非子是战国末期法家思想的集大成者，但其思想具有明显的黄老道家色彩。他作《解老》及《喻老》篇，对老子的思想进行了阐发。

道和理是事物不同层次的规律，遵循它们行事，即可立于不败之地，正所谓"缘道理以从事者，无不能成"。③

"数"是事物量的体现，反映事物的数量关系，由之也可以显示事物的某些道理或规律。因此，古人有时也用它表示事物的规律或规则。《管子·重令》篇说："天道之数，至则反，盛则衰。""天道之数"，指自然规律体现出的道理或必然性。荀子说："天有常道矣，地有常数矣。"④"常数"与"常道"对应，表示地的运动规律。

《吕氏春秋》对"数"的必然性或规律性内涵有比较明确的论述，其中《仲秋纪》说："凡举事，无逆天数，必顺其时，乃因其类。""天数"，即"天道"。《贵当》篇说："性者，万物之本也，不可长，不可短，因其固然而然之。此天地之数也。""性"即事物的本性，由其本质所决定，不可更改。因此，"性"也体现了某种必然性或规律性，此即"天地之数"。《任数》篇说："耳目知巧，固不足恃，惟修其数、行其理为可。"摒弃主观臆断，依循事物的道理行事，才是正确的做事准则。

古人认为："天道之动，则当以数知之。数之为用也，圣人以之观天道焉。"⑤事物运动变化的规律性可以通过其数量变化表现出来，因

---

①③《韩非子·解老》。
②《史记·老子韩非列传》。
④《荀子·天论》。
⑤《旧五代史·历志》。

而由数可认识事物的道理或规律。古代的天文观测和历法推算，是以数认识天体运动规律的典型例子。

"则"也是古代表示规律的一个基本概念。《尔雅·释诂》说："则，法也。""则，常也。"法是法规；常是准则。《管子·七法》篇说："根天地之气，寒暑之和，水土之性，人民鸟兽草木之生，物虽甚多，皆均有焉，未尝变也谓之则。"此处的则是天地万物所遵循的不变的东西，即法则或规律。《管子·形势》篇指出："天不变其常，地不易其则，春秋冬夏不更其节，古今一也。""常"和"则"是自然界变化过程所显示的不变性，即某种法则或规律。《周易·文言传》说："乾元用九，乃见天则。""天则"，即指自然法则。

"则"与"法"构成"法则"一词，表示法度、准则、规律等，如北宋程颐说："天之法则，谓天道。"[①]"天之法则"即指自然规律。

由上述可见，常、道、理、数、则等是古人表示事物规律性的基本概念。先秦诸子各家都使用了这些概念，相较而言，道家对这些概念的使用以及关于这些概念内涵的讨论最多。受天人合一认知模式的影响，古人往往不把自然界与人类社会截然分开，多数情况是天道与人道一并论之，因此单独讨论自然规律的内容相对较少。尽管如此，由上述内容仍然可以看出，先秦古人，尤其是道家对于自然事物的规律性，已经形成了一些明确的认识。

二、事物运动的周期性："反者道之动"

自然界"日往则月来，月往则日来，日月相推而明生焉。寒往则暑来，暑往则寒来，寒暑相推而岁成焉"[②]。这种以周期性变化为基本特征的自然环境，决定了自然界许多事物的运动变化都呈现一定程度的周期

---

①程颐：《周易程氏传》，卷一。
②《周易·系辞传》。

性。古人在长期的生活实践中，经过对自然界各种简单的周期性运动现象的反复观察和思考，形成了一种用循环演化观念看待事物发展变化的自然观。

老子首先对这种周期性观念进行了阐述。他说："万物并作，吾以观其复也。夫物云云，各复归于其根。归根曰静，静，是谓复命。"①王弼注云："各返其所始也。"老子所说的"复命"，就是事物变化所呈现的周期性。他认为，自然万物运动变化，生生不息，但有生必有死，有灭必有兴，它们做的都是原始返终、往复循环运动。他并且将往复循环看作事物的一般规律，即"反也者，道之动也"②。反，即反复。

庄子学派对老子的思想作了进一步论述。《庄子·在宥》说："万物云云，各复其根，各复其根而不知；浑浑沌沌，终身不离。"万物回归本根，是自然而然的过程。只有这样，回归本根后，才能保持其稳定性。《庄子·则阳》将这种运动概括为一般规律："穷则反，终则始，此物之所有。"

《黄老帛书》对此也有论述，其中《经法》篇说："当者有数，极而反，盛而衰，天地之道也，人之理也。"意谓物极必反不仅是自然界的规律，也是人世间的法则。《四度》篇也说："极而反，盛而衰，天地之道也。"

《管子·白心》说："日极则仄，月满则亏。极之徒仄，满之徒亏，巨之徒灭。孰能已无已乎？效夫天地之纪。"太阳运行到正南，就会偏斜；月轮圆时，就开始亏损；事物发展到强大，就会走向衰灭。任何事情都不可能无休止地向着一个方向发展下去，这就是天地自然之道。《管子·宙合》篇也说："天道之数，至则反，盛则衰。"事物由盛而衰，由弱而强，循环往复，具有必然性。

事物发展到极端，就会走向自己的反面，对于自然界的事物，这是

①《老子》，第十六章。
②《老子》，第四十章。

一般规律。而对于社会活动，如何突破这种规律，使之保持长盛不衰？这是一个很现实的问题。对此，道家的回答是"守弱"。《老子》中有大量这方面的论述，如第九章说："功遂身退，天之道也"；第三十四章说："以其不为大也，故能成大"；第五十一章说："生而弗有也，为而弗恃也，长而弗宰也"；第八十一章说："人之道，为而弗争"；第七十七章说："圣人为而弗有，功成而弗居也"。老子主张处下守弱，但常人难以做到，因此他感叹道："弱之胜强，柔之胜刚，天下莫弗知也，而莫能行也。"①

《文子·九守》篇进一步发挥了老子的这种思想。该篇先以日月的运行说明"天道极即反，盈即损"的道理，然后指出："人之情性，皆好高而恶下，好得而恶亡，好利而恶病，好尊而恶卑，好贵而恶贱。众人为之，故不能成；执之，故不能得。"接着以侑卮之器具有"其冲即正，其盈即覆"的属性，进一步说明"物盛则衰，日中则移，月满则亏，乐终而悲"的道理；最后告诫人们："聪明广智，守以愚；多闻博辩，守以俭；武力勇毅，守以畏；富贵广大，守以狭；德施天下，守以让。"其中强调的都是谦虚柔让之策。《荀子·宥坐》篇也有类似的论述，不过其中说侑卮之器具有"虚则欹，中则正，满则覆"的属性。虚与冲同义。文子说"冲即正"，荀子说"虚则欹，中则正"。二者的说法有很大差异。道家贵虚静，儒家尚中庸，文子和荀子关于欹器属性的描述也体现了这种观念。

以上是道家关于"反者道之动"的论述。

物极必反，原始反终。古人把循环运动看作事物的普遍规律。春秋战国时期，许多学者都有这种认识，形成了一种普遍的观念。《周易·泰卦》爻辞说："无平不陂，无往不复。""复"是往复，反本复始。《左传》说："盈而荡，天之道也。"②孙膑在论述用兵之道时说：

---

① 《老子》，第七十八章。
② 《左传·庄公四年》。

"天地之理，至则反，盈则败。"①军事家吴起也说："夫道者，所以反本复始也。"②荀子说：事物的变化，"始则终，终则始，与天地同理"；又说："始则终，终则始，若环之无端也，舍是而天下以衰矣。"③意谓事物的终始往复变化，符合天地自然之理，这种运动如此普遍和重要，以至于如果没有它，自然界将会失去勃勃生机，趋于衰亡。

《吕氏春秋·圜道》篇专门论述了自然界的循环运动现象："日夜一周，圜道也。月躔二十八宿，轸与角属，圜道也。精（气）行四时，一上一下各与遇，圜道也。物动则萌，萌而生，生而长，长而大，大而成，成乃衰，衰乃杀，杀乃藏，圜道也。"日月的运行，气候的变化，万物的生杀，都遵守循环运动规律，所以古人认为"天道圜"。这种"圜道"思想在《吕氏春秋》的其他篇章中也有明显的反映，如《大乐》篇认为，万物的运动变化像车轮旋转一样，"终则复始，极则复反"；《似顺论》也认为，"至长反短，至短反长，天之道也"；《博志》篇也说："全则必缺，极则必反，盈则必亏。"

先秦两汉时期，古人有意识地构建了一些反映事物运动周期性的理论，如《周易》卦象排列体系、天干地支循环理论、阴阳消长理论和五行生克学说等等，都呈周期循环性。古人运用这些理论表达了事物运动的周期性。周期性运动是自然界的一种基本运动形式，中国古代的周期性运动思想是对这种运动形式的总结。中国古代的农学和天文学相对比较发达，农学所研究的农作物生长以及天文学所观察的星空变化，都是以一年为周期重复出现。正是这些研究对象周而复始地不断重复出现，为古人提供了无数次重复认识的机会，使得古人的认识水平不断提高。应该说，周期运动观念对于古代的科学认识活动具有一定的指导意义，但这种观念也容易使古人的思想趋于僵化、教条。因为，人们只要认识

---

① 银雀山汉墓竹简整理小组编：《孙膑兵法·奇正》，北京：文物出版社，1975。
②《吴子·图国》。
③《荀子·王制》。

了周期性运动事物的一个周期，就可以对其以后的运动情况做出大致的判断。

三、遵循规律的重要性："知常曰明"

老子说："复命，常也；知常，明也。不知常，妄；妄作，凶。"[①]在老子看来，事物由盛至衰，由动到静，周而复始，是一种规律；认识了这一规律，就能正确地对待事物的运动变化；不了解这一规律，乱作妄为，则会导致失败。

《管子·形势》篇对于遵循事物规律的重要性作了很好的论述，其中说："道之所设，身之化也。持满者与天，安危者与人。失天之度，虽满必涸……得天之道，其事若自然。失天之道，虽立不安。"意思说，凡是道所具备的，人应与之保持一致。要使国家强盛、社会安定，一定要遵从天道、顺应人心。违背了自然法则，虽然暂时强盛，最终也必将衰败。遵循天道，做事即会自然成功；违背天道，即使成功了也不会稳定。《形势》篇还说："万物之于人也，无私近也，无私远也。巧者有余，而拙者不足。其功顺天者天助之，其功逆天者天违之。天之所助，虽小必大；天之所违，虽成必败。顺天者有其功，逆天者怀其凶，不可复振也。""顺天"，即遵循天道；"逆天"，即违背天道。《形势解》对此进一步解释道："上逆天道，下绝地理，故天不予时，地不生财。故曰：其功顺天者，天助之；其功逆天者，天违之。"《庄子·渔父》篇也说："道者，万物之所由也……为事逆之则败，顺之则成。故道之所在，圣人遵之。"

从事农业生产等活动，需要顺天时，因地宜，遵循自然规律。《黄老帛书·经法》篇强调说："人之本在地，地之本在宜，宜之生在时，

---

① 《老子》，第十六章。

时之用在民"，"知地宜，顺时而树，节民力以使"，就会得到好的结果。顺天时和因地宜是农业生产的两条基本原则，是古人长期实践经验的总结，对古代农业生产具有重要的指导作用。《黄老帛书·十大经》也说："静作得时，天地与之；静作失时，天地夺之。"

《淮南子》对于遵循规律的重要性，也有比较充分的论述，其中《主术训》说："不修道理之数，虽神圣人不能以成其功。"《原道训》说："修道理之数，因天地之自然，则六合不足均也。"这些都是要求人应遵循事物的规律行事。《览冥训》指出："夫道者，无私就也，无私去也。能者有余，拙者不足；顺之者利，逆之者凶。"天道与人无亲无疏，对人而言，它究竟是福是祸，取决于如何利用它。

不仅道家强调遵守自然规律的重要性，先秦其他诸子也有这方面的认识。《管子·牧民》篇说："凡有地牧民者，务在四时，守在仓廪……不务天时，则财不生；不务地利，则仓廪不盈。""务天时"，即不违农时；"务地利"，即因地制宜。孟子说："不违农时，谷不可胜食也。"[1]荀子说："春耕、夏耘、秋收、冬藏，四时不失时，故五谷不绝而百姓有余食也。"[2]《吕氏春秋·审时》篇说："凡农之道，厚（候）之为宝。"这些论述都是强调遵循四季运行规律对于农业生产的重要性。"夫稼，为之者人也，生之者地也，养之者天也。"[3]合理地利用"天时""地利"，是从事农业生产必须遵守的基本规律。

"夫缘道理以从事者，无不能成。"[4]上述表明，以道家为代表的中国古人已认识到遵循自然规律的重要性，具有很强的顺应和利用自然规律的观念。

认识和把握事物的规律十分重要，问题是如何才能认识事物的规律？"四时有明法而不议，万物有成理而不说"，自然界的法和理需要

---

① 《孟子·梁惠王上》。
② 《荀子·王制》。
③ 《吕氏春秋·审时》。
④ 《韩非子·解老》。

人去认识、去发现，而认识活动需要运用相应的方法。老子说："不出于户，以知天下。不窥于牖，以知天道。其出也弥远，其知弥少。是以圣人不行而知，不见而明，弗为而成。"[1]如何能够做到不行而知，不见而明？就科学认识活动而言，这是不可能的。老子提倡绝圣弃智，认为"为学者日益，闻道者日损，损之又损，以至于无为"[2]。他排斥后天的教化和求知活动，主张回归人的先天本然状态。这对于人的求知、认识事物的规律是不利的。李约瑟认为，道家欣赏"相对主义和宇宙的博大精微"，热衷于探索无所不包的"世界图景"，"沿着这条道路，科学是不能发展的"。他说："这并不是'道'这一万物中的宇宙秩序不按一定的体系和规则在运行，而是道家的倾向乃是把'道'看作是理论的智力所无法窥测的。这就是为什么若干世纪以来，交给道家掌管的中国科学就只能停留在纯粹经验水平上的一个原因。"[3]李约瑟的这种评价是有一定的道理的。他所说的相对主义，主要指庄子提倡的认识论。

在认识活动上，庄子不仅主张"齐物我"，而且主张"齐是非"，认为是与非的判断是相对的。《庄子·齐物论》以两个人辩论的方式表达了这种观点，其中说："既使我与若辩矣，若胜我，我不若胜，若果是也，我果非也邪？我胜若，若不吾胜，我果是也，而（尔）果非也邪？其或是也，其或非也邪？其俱是也，其俱非也邪？我与若不能相知也。则人固受其黮暗，吾谁使正之？使同乎若者正之，既与若同矣，恶能正之？使同乎我者正之，既同乎我矣，恶能正之？使异乎我与若者正之，既异乎我与若矣，恶能正之？使同乎我与若者正之，既同乎我与若矣，恶能正之？然则我与若与人，俱不能相知也，而待彼也邪？"庄子认为，两人辩论，无法由第三者判断孰是孰非，因为是非的标准是相对的。庄子主张以相对的观点看待事物，这本来是有一定的合理性的。但

---

[1]《老子》，第四十七章。
[2]《老子》，第四十八章。
[3]李约瑟：《中国科学技术史》，第二卷，科学出版社，上海古籍出版社，1991，578。

如果片面地夸大事物性质的相对性，抹杀其固有的规定性，取消事物之间的界限，否认是非标准的客观性，就会走向不可知论和诡辩论。

《鹖冠子》中有一段描述圣人认知能力的文字："故圣人者，后天地而生，而知天地之始；先天地而亡，而知天地之终。力不若天地，而知天地之任；气不若阴阳，而能为之经；不若万物多，而能为之正。"①圣人是道家描述的理想化的得道之人。道家认为，人只要掌握了道，就会具有各种非凡的能力。这种不经过合理的认知途径就可以达到极高的认知能力的说法是没有道理的。

人类要有效地进行各种认识活动，就需要运用一定的方法。认识事物的性质及规律需要有方法，建立科学理论也需要运用相应的方法。现代科学采用逻辑推理和实验检测等方法探讨事物的规律。中国古代逻辑学不如古希腊发达，没有形成系统的逻辑理论。中国古人的认识活动，习惯于经验直觉，不太重视抽象推理，方法论意识淡薄。先秦诸子中，名家、墨家以及荀子都对逻辑学有所讨论，初步探讨了逻辑思维的形式和规律，但这些理论未能得到应有的发展。有趣的是，继先秦之后，具有道家思想倾向的《吕氏春秋》及《淮南子》则对逻辑推理方法做了一些讨论，这在中国古代认识论上是有意义的。

《吕氏春秋·察今》篇说："有道之士，贵以近知远，以今知古，以益所见，知所不见。故审堂下之阴，而知日月之行、阴阳之变；见瓶水之冰，而知天下之寒、鱼鳖之藏也；尝一脟肉，而知一镬之味、一鼎之调。"这里以举例的形式说明，在认识活动中，可以从结果推知原因，从部分推断整体，含有归纳推理的性质。要保证推理的正确性，需要对事物有正确的认识。《吕氏春秋·别类》篇指出，人的认识是有限的，"目固有不见也，智固有不知也，数固有不及也"，因而会存在"不知其说所以然而然"的状况，在这种情况下做出的推理就可能是错误的。另外，从事物自身的复杂性而言，"物多类然而不然"者，书中

---

① 《鹖冠子·能天》。

举例说："夫草有莘有蔮，独食之则杀人，合而食之则益寿""金柔锡柔，合两柔则为刚。"莘和蔮都是毒草，但合食之可以益寿；纯铜和纯锡硬度都比较低，但按一定比例混合的铜锡合金硬度则相当高。由此，书中得出结论："类固不必可推知也。"《别类》篇还举例说："小方，大方之类也；小马，大马之类也；小智，非大智之类也。"小方与大方同类，小马与大马同类，但由此推不出小智与大智同类。

《淮南子》对于推理方法进行了比较多的讨论。其中《泛论训》以举例的形式说明了推理在认识活动中的作用："未尝灼而不敢握火者，见其有所烧也；未尝伤而不敢握刃者，见其有所害也。由此观之，见者可以论未发也。"这两个例子具有演绎推理的性质。《淮南子》中运用了一些"以类取"的推理方法。《说山训》说："见窾木浮而知为舟，见飞蓬转而知为车，见鸟迹而知著书，以类取之。"这里说的是类比推理。推理要明类、知类，同类事物才可以相推，如果不知类，就会出现错误。《说林训》举例说："尝被甲而免射者，被而入水；尝抱壶而度水者，抱而蒙火；可谓不知类矣。"披甲可以免射，但披甲不可以渡水；抱壶可以渡水，但抱壶不可以避火。《淮南子》还指出："类不可必推。"《说山训》说："物固有似然而似不然者。故决指而身死，或断臂而顾活；类不可必推。"《说林训》也说："人食礜石而死，蚕食之而不饥；鱼食巴菽而死，鼠食之而肥；类不可必推。"之所以"类不可必推"，是因为对物类的辨认并不是容易的事，有时会出现错误的认识。《人间训》说："物类之相摩，近而异门户者，众而难识也；故或类之而非，或不类之而是；或若然而不然者，或不若然而然者……物类相似若然，而不可从外论者，众而难识矣。"事物复杂多样，难以识别，有些看似同类而非同类，有些看似不同而实即同类，不能仅从外表上判别。古人发现，磁石可以吸铁，但不能引瓦。何以有这种差别？他们并不理解。因此《览冥训》说："夫物类之相应，玄妙深微，知不能论，辩不能解。"该篇列举了阳燧取火、磁石引铁、蟹之败漆、葵之向日之类的自然现象，认为对于它们"虽有明智，弗能然也"。并且由此得出结论："故耳目之察，不足以分物理；心意之论，不足以定是非。"此即指出了感性认识的局限性。古人习惯于"假象取偶，以相譬喻"①，这是一种极为粗浅的类比推理方法，难以保证认识结果的正确性。

综上所述，以道家为代表的先秦古人形成了明确的自然规律观念，"常""道""理""数""则"等概念都具有规律性内涵。古人把"物极必反，原始反终"看作包括人类社会在内的宇宙万物的基本运动规律，老子将其称之为"反者道之动"。老子强调了认识和遵循规律的重要性，庄子学派、黄老学派以及其他诸子对此也都有比较充分的论述。应当看到，古人虽然很早即已认识到天地万物各有其道理或规律，形成了自然规律观念，但对于这些规律的具体内容认识得并不充分，长期停留在初浅的经验认识水平上。这是由于历史的局限性等多种因素决定的。尽管如此，重视认识自然规律，自觉遵循自然规律，积极利用其为自己服务，这是中华民族几千年所具有的优良传统。这种传统对于促进中华文明的发展，具有重要的历史意义和现实意义。

①《淮南子·要略训》。

第六章

『残朴以为器，工匠之罪』
——技术批判思想

　　春秋战国时期，工匠作为社会士农工商四民之一，所从事的手工业技术活动对于社会的发展具有重要作用，因而受到人们的重视。先秦诸子"起于王道既微，诸侯力政"的时代，诸家"各引一端，崇其所善，以此驰说，取合诸侯"。①诸子各家虽然"从言异路"，见解各不相同，但"同归而殊涂"②，主要目的都是为国家的治理献计献策。他们在论述自己的政治主张时，都会涉及对于工匠技术活动的看法，表达各自的技术观念。

　　李约瑟说："道家思想乃是中国科学和技术的根本，但由于道家对知识的自相矛盾的态度，以致这一点往往不能为人所理解。"③所谓"对知识的自相矛盾的态度"，是指先秦道家对人类文明所持的否定态度，其中包括科技文明。道家对于人类社会的科技文明持否定态度，排斥技术的发明和应用。这种观点很难为今人所理解，包括李约瑟在内的许多学者都认为道家对于科技文明的态度是"自相矛盾的"。事实上，道家这种态度是与其自然无为的哲学理念及政治主张一致的。不可否认，道家的这种观点具有明显的偏激性和局限性，不利于古代科技文明的发展。但是，今天当我们面对现代科技文明高度发达所产生的负面作用而进行反思时，就会发现，道家的技术观对于我们正确认识科技文明的社会价值具有一定的启发性。

　　古代的技术活动主要是手工业生产，从事技术活动者是工匠艺人，称为百工。《周礼·考工记》把社会职业分为王公、士大夫、百工、商旅、农夫及妇功六种，"审曲面势，以饬五材，以辨民器，谓之百工"。"百工"，是各种技术人员的总称。在古代文化中，"技"指人

---

① 《汉书·艺文志》。
② 《史记·太史公自序》。
③ 李约瑟：《中国科学技术史》，第二卷，北京：科学出版社，上海：上海古籍出版社，1991，145。

的专门技能、技艺、巧技。《尚书·秦誓》说："人之有技，冒嫉以恶之。"《庄子·天地》说："能有所艺者，技也。"《说文》："技，巧也，从手。""术"，是方法、途径、技艺。孟子说："观水有术，必观其澜。"① "矢人唯恐不伤人，函人唯恐伤人，巫匠亦然，故术不可不慎也。"② 《说文》："术，邑中道也。"因此，技术指某种专门的技艺、技巧。古代称具有某种技术的人为工或匠。工匠为社会提供各种技术服务，是古代社会不可缺少的一类专门人才，其技术水平是古代科技文明发达程度的重要标志之一。

道家对于技术活动的看法主要体现在以下几个方面。

一、技术创造是对事物自然本性的残害

道家认为，工匠技术活动是对事物自然本性的残害，违背"道法自然"的原则，因而对其持否定态度。

老子说："朴散则为器。"③ 河上公注曰："器，用也。万物之朴散则为器用。"④ 匠人用原材料制作成器物，器物做好了，原材料的质朴本性也就不存在了。

《庄子·马蹄》篇借伯乐相马等事例说明人的技术活动破坏了事物的自然本性。"马，蹄可以践霜雪，毛可以御风寒，龁草饮水，翘足而陆。"这些都是"马之真性"。伯乐相马，给马带来了灾难。"伯乐曰：'我善治马。'烧之，剔之，刻之，雒之，连之以羁絷，编之以皂栈，马之死者十二三矣。饥之，渴之，驰之，骤之，整之，齐之，前有橛饰之患，而后有鞭策之威，而马之死者已过半矣。"烧、剔、刻、

---

① 《孟子·尽心上》。
② 《孟子·公孙丑上》。
③ 《老子》，第二十八章。
④ 《老子道德经河上公章句》，第二十八章。

雏等，表示伯乐在相马过程中所采取的各种调教手段。《马蹄》篇作者认为，伯乐相马过程就是对马的本性加以残害的过程。同样，在道家看来，陶工制作陶器，木匠制造木器，也是对陶土和树木自然本性的残害。"陶者曰：'我善治埴。圆者中规，方者中矩。'匠人曰：'我善治木。曲者中钩，直者应绳。'夫埴木之性，岂欲中规矩钩绳哉。然且世世称之曰：'伯乐善治马，而陶匠善治埴木。'此亦治天下者之过也。""埴"是制作陶器的黏土。黏土不具有陶器的性能，树木也不具有木器的性能，让黏土和树木分别成为陶器和木器，是人为的结果，正所谓"木直中绳，𫐓以为轮，其曲中规，虽有槁暴，不复挺者，𫐓使之然也"。① 这类活动，实质上是破坏了黏土和树木的自然本性。因此道家认为，这些技术活动与伯乐相马一样，都是人的过错。《马蹄》篇指责说："夫残朴以为器，工匠之罪也！"

《庄子·骈拇》篇也同样强调，人类应顺应自然，不必过分追求一些超越本分的东西。其中举例说："骈于明者，乱五色，淫文章，青、黄、黼、黻之煌煌非乎？而离朱是已。多于聪者，乱五声，淫六律，金、石、丝、竹、黄钟、大吕之声非乎？而师旷是已。""骈"在这里是过分、多余的意思。《骈拇》篇作者认为，过分追求明，搅乱五色，迷滥文；过分追求聪，搅乱五音，混淆六律，这些都是不可取的，是"皆多骈旁枝之道，非天下之至正也"。道家提倡的"至正"之道，是顺应事物的自然本性，不人为地加以改变，即"彼正正者，不失其性命之情。故合者不为骈，而枝者不为跂；长者不为有余，短者不为不足。是故凫胫虽短，续之则忧；鹤胫虽长，断之则悲。故性长非所断，性短非所续，无所去忧也"。②

工匠从事技术活动，用规矩制作方圆，用胶漆粘结物体，道家认为，这是对事物自然属性的破坏。《骈拇》篇说，"待钩绳规矩而正者，是削其性者也；待绳约胶漆而固者，是侵其德者也"。道家强调：

①《荀子·劝学篇》。
②《庄子·骈拇》。

"天下有常然。常然者，曲者不以钩，直者不以绳，圆者不以规，方者不以距，附离不以胶漆，约束不以纆索。"①所谓"常然"即自然之道。在道家看来，物体的曲直、方圆、离合等都是由其自然本性决定的，不需要人为地用工具去实现；人为地改变事物的自然状态，是违背自然之道的。

《列子》属于道家著作，其中保存了一些道家思想。《列子·说符》篇记载："宋人有为其君以玉为楮叶者，三年而成。锋杀茎柯，毫芒繁泽，乱之楮叶中而不可别也。此人遂以巧食宋国。子列子闻之曰：'使天地之生物，三年而成一叶，则物之有叶者寡矣。故圣人恃道化，而不恃智巧。'"这位匠人用玉石做成的楮树叶可以乱真，足见其技艺之巧。但是，《说符》篇的作者并不欣赏这种人为的"智巧"，而是提倡自然的"道化"。韩非子也讲述了这个故事，并且评价说："故不乘天地之资而载一人之身，不随道理之数而学一人之智，此皆一叶之行也。故冬耕之稼，后稷不能羡也；丰年大禾，臧获不能恶也。以一人之力，则后稷不足；随自然，则臧获有余。故曰：恃万物之自然而不敢为也。"②《淮南子·泰族训》也有这个故事，其中说："使天地三年而成一叶，则万物之有叶者寡矣。夫天地之施化也，呕之而生，吹之而落，岂此契契哉！"

《列子·汤问》篇讲述了巧匠偃师制作机器人的故事。偃师用竹木、皮革、胶漆、丹青等材料制成的机器人，不仅能"歌合律"，"舞应节"，"千变万化，惟意所适"，而且还能向周穆王的侍妾"瞬其目"。现实中不可能有像偃师这样技术水平的巧匠，这显然是编造出来的故事。《汤问》篇作者的目的是用这个故事讽刺鲁班和墨子的技术水平。据说，公输班不仅善于制作云梯，而且制作的木车马可以用木人驱使而行；墨翟用竹木做成的小鸟可以在天上飞三日不会落下来。前者是春秋时期的著名工匠，后者是战国早期的著名巧匠。这二人听到偃师制

①《庄子·骈拇》。
②《韩非子·喻老》。

作机器人之巧后，"终身不敢语艺，而时执规矩"。偃师之巧"可与造化者同功"，这是任何巧匠也无法达到的水平。这个故事实质上是要说明，工匠的技术再巧也无法"与造化者同功"，真正的巧是自然造化所成。在道家看来，大自然"刻雕众形而不为巧"[①]，人之巧孰能相比。

《列子》中的这两个故事虽然没有像《庄子》那样指责工匠技术活动是对事物自然本性的残害，是一种罪过，但其所表达的仍然是对技术的否定态度。

二、技术应用会使人丧失淳朴的天性

工匠的技术发明和运用，可以解决人们日常生活中的一些具体问题，可以推动社会的进步。但是，道家认为，技术的应用会使人丧失淳朴的天性，对人类是有害的。

先秦诸子之学多以治国牧民为己任，以老子为代表的道家也不例外。老子主张"无为而治"。所谓"无为而治"，就是摒弃一切圣智技巧之类的名利活动，使百姓见素抱朴，寡欲无争。《老子》第五十七章说："以正治邦，以奇用兵，以无事取天下……民多利器，而邦家滋昏；人多智巧，而奇物滋起；法令滋彰，而盗贼多有。"这里"正"，指清静无为，即《老子》第四十五章所说的"清静可以为天下正"；"奇"，指奇异的谋略；"无事"，即无为；"智巧"，即技巧。老子主张以清静之道治国，以奇异之谋用兵，以无为之道治天下。他认为，利器、技巧和法令都是"有为而治"的表现，社会愈是提倡这些东西，国家愈不安宁。

---

① 《庄子·大宗师》。

在老子看来，人类社会有了贤哲，人就有了尊卑之分；技巧之人创制了奇物异宝，物品就有了贵贱之别；这些都是引起人们争名夺利、造成社会不安定的因素；消除这些因素的办法就是"不尚贤，使民不争。不贵难得之货，使民不为盗。不见可欲，使民心不乱"。[①]人无尊卑之分，即无名可争；物无贵贱之别，则无可盗之物；百姓见不到自己希望得到的东西，心志就会安定。所以，老子认为，圣贤仁义、技术巧利都是对人类社会有害的，因此主张"绝圣弃智""绝仁弃义""绝巧弃利"。[②]整个社会"使有什百人之器而毋用"，"有舟车，无所乘之"，"使民复结绳而用之"[③]。老子主张弃绝"圣智""仁义""巧利"，抛弃一切名利的诱惑，使百姓返璞归真，保持憨厚的天性。这样做，人民即可"甘其食，美其服，乐其俗，安其居。邻邦相望，鸡狗之声相闻，民至老死，不相往来"[④]。此即老子所推崇的"圣人之治"，也即使百姓"虚其心，实其腹，弱其志，强其骨。恒使民无知无欲也，使夫智不敢，弗为而已，则无不治矣"[⑤]。显然，老子的"无为而治"，是使百姓满足基本的物质生活需求，而没有争名夺利之心。他强调："为道者，非以明民也，将以愚之也。民之难治，以其智多也。故以智治邦，邦之贼也；不以智治邦，邦之德也。"[⑥]《老子道德经河上公章句》对此注释说："古之善以道治身及治国者，不以道教民明智巧诈也，将以道德教民，使质朴不诈伪。"老子反对以智巧治国，认为这样会使人变得投机、巧诈，败坏淳朴的民风。他提倡"我无为也而民自化，我好静而民自正，我无事而民自富，我欲不欲而民自朴"[⑦]。老子主张的理想社会是"小国寡民"[⑧]，民众"见素抱朴，少私而寡欲"[⑨]。在他看来，一切有悖于这种理想社会的行为都是有害的，都应予以杜绝。

---

①⑤《老子》，第三章。
②⑨《老子》，第十九章。
③④⑧《老子》，第八十章。
⑥《老子》，第六十五章。
⑦《老子》，第五十七章。

　　老子主张"绝巧弃利"，其中的"巧"和"利"是指古代的工匠技术活动。《说文》谓："巧，技也。"古代以"巧"表示工匠职业的特点。《考工记》指出："智者创物，巧者述之，守之世，谓之工。"《庄子》强调："百工有器械之巧则壮。"[1]荀子说："百工以巧尽器械。"[2]韩非子说："夫匠者，手巧也。"[3]《说文》释曰："工，巧饰也，像人有规矩也。"《汉书·食货志》亦称："作巧成器曰工。"隋代萧吉在总结工匠职业的特点时说："工人者，雕斫伎巧，备诸器用，造新修故，以力货财，此曰工人。"[4]巧与拙是古代评价工匠技术水平高低的基本概念。在许多古代文献中，"巧"字即表示工匠技术活动。另外，技术器械的应用可以使人获得一定的功利，因此"利"是古人评价技术应用效果的基本概念。对此，古人也有论述，如墨子认为，技术活动"用财少而为利多，是以民乐而利之"[5]。韩非子也说："舟车机械之利，用力少，致功大。"[6]可见，"巧"和"利"是指工匠技术活动及其社会效果。因此，老子主张"绝巧弃利"，就是要杜绝技术的发明和运用。

　　老子从哲学理念和政治主张方面强调了反对技术应用的理由，庄子及其后学发展了老子的这种思想。

　　《庄子》对于老子提倡的理想社会作了进一步描述。该书《胠箧》篇描绘了伏牺氏、神农氏时代的"至德之世"："当是时也，民结绳而用之，甘其食，美其服，乐其俗，安其居，邻国相望，鸡狗之音相闻，民至老死而不相往来。若此之时，则至治矣。"《胠箧》篇作者认为，那时的社会虽然结绳记事，非常原始，但人民无欺无争，安居乐业。同书《马蹄》篇也对"至德之世"进行了描述，说这种社会，人与鸟兽共处，无君子与小人之分，无尊贵与卑贱之别，大家都无知无欲、见素抱

---

[1]《庄子·徐无鬼》。
[2]《荀子·荣辱》。
[3]《韩非子·定法》。
[4]萧吉：《五行大义》，卷五。
[5]《墨子·辞过》。
[6]《韩非子·难二》。

朴。这是对老子所设想的理想社会的进一步发挥。为了实现这种社会，庄子学派也主张"绝圣弃智""绝巧弃利"。《胠箧》篇论述说："绝圣弃智，大盗乃止；掷玉毁珠，小盗不起，焚符破玺，而民朴鄙；掊斗折衡，而民不争。"①这里"大盗"指窃国者，"小盗"指窃物者，"圣智"指圣人和智慧，"玉珠"指珍物异宝，"符玺"代表契约，"斗衡"代表度量衡器物。《胠箧》篇作者认为，弃绝、销毁这些东西，就可以使盗贼不起，民众不争，国家安宁。

对于美声美味的追求是人的本性，但老子认为，这些东西会破坏人的自然天性。他说："五色，使人目盲；五味，使人之口爽；五音，使人之耳聋。驰骋畋猎，使人心发狂；难得之货，使人行妨；是以圣人之治也，为腹不为目，故去彼取此。"②老子主张圣人只求安饱，不求声色愉悦。针对老子的这种观点，《庄子·天地》篇也强调："五色乱目，使目不明"；"五声乱耳，使耳不聪"；"五味浊口，使口厉爽"；"趣舍滑心，使性飞扬。"美色、美声、美味会使人丧失自然本性，这些东西"皆生之害也"③。为了阻止人们对这些东西的追求，《庄子·胠箧》篇主张"擢乱六律，铄绝竽瑟，塞瞽旷之耳，而天下始人含其聪矣；灭文章，散五彩，胶离朱之目，而天下始人含其明矣。"④瞽旷，又名师旷，春秋时晋平公的著名乐师；离朱，又名离娄，传说是黄帝时视力最好的人。道家认为，愉悦的声音和华丽的色彩，会使人丧失耳聪目明的天性，所以要铄绝竽瑟，散灭文彩。

老子说"大巧若拙"。⑤《胠箧》篇对之解释说："毁绝钩绳而弃规矩，攦工倕之指，而天下始人有其巧矣。故曰大巧若拙。"⑥工倕是尧时著名的工匠，传说是他发明了规矩。关于如何看待工匠技术活动的"巧"与"拙"，先秦各个学派有不同的观点。例如墨家认为，"利于

---

① ④ ⑥《庄子·胠箧》。
②《老子》，第十二章。
③《庄子·天地》。
⑤《老子》，第四十五章。

人谓之巧，不利于人谓之拙。"①人类发明和运用各种技术是为了省工获利，这是先秦诸子的普遍认识。但道家认为，技术使人省力获利的同时，会使人滋生投机取巧的心理，损害了人的淳朴天性。因此以工倕为代表的工匠所作的技术发明和创造并不是"巧"，而是"拙"，所以说"大巧若拙"。只有毁坏工匠技艺，摒弃规矩准绳，人们无巧可用，无利可争，少私寡欲，才是真正的巧。

《庄子·天地》篇讲述了一个子贡推荐桔槔的故事，比较形象地反映了道家对待技术的态度。故事说，孔子的弟子子贡南游于楚，在从楚国返回晋国的途中，经过汉阴，看见一位老人抱着陶罐取水浇田，他"凿隧而入井，抱瓮而出灌，搰搰然用力甚多而见功寡"。于是，子贡告诉老人，有一种机械名曰"槔"，用其"挈水若抽，数如泆汤"，一日可以浇灌百畦，"用力甚寡而见功多"。然而，老人听了子贡的话后，"忿然作色而笑曰：'吾闻之吾师，有机械者必有机事，有机事者必有机心。机心存于胸中则纯白不备，纯白不备则神生不定，神生不定者，道之所不载也。吾非不知，羞而不为也。'"子贡听了老人的这番话后，"瞒然惭，俯而不对"。槔是古人发明的一种符合杠杆原理的提水装置。"机心"，即机巧、机变之心，或投机取巧心理。浇田老人的话，代表了道家对于机械技术的态度。机械可以使人"用力甚寡而见功多"，但道家反对运用它。因为他们认为，"功利机巧必忘夫人之心"，"有机事者必有机心"，使用机械会使人产生投机取巧的心理，损害了人的淳朴天性。儒家批评道家的这种观点是"识其一，不知其二；治其内而不治其外"②。道家只看到技术应用对人的心理产生的影响，而忽视了技术应用的功利价值和社会发展的现实需要；只知保持内心的淳朴天性，而不知适应外在世界的变化，这种认识显然是片面的。这里子贡的言论代表了儒家对于工匠技术的态度。尽管历史上未必真正发生过这种事情，但这个故事描述的儒道两家对于机械技术的不同态度则是符合各自的思想认识的。

---

① 《墨子·鲁问》。
② 《庄子·天地》。

荀子批评"庄子蔽于天而不知人……由天谓之道，尽因矣"。①道家主张"道法自然"，只知强调保持人的自然天性，而忽视了人的社会存在所具有的功利性。荀了的批评是有道理的。

道家对于机械技巧的反对态度不仅仅表现在《老子》及《庄子》中，《文子》和《淮南子》等著作中也有所体现。《文子·道原》篇说："机械之心藏于中，即纯白之不粹。"同书《微明》篇说："民知书则德衰，知数而仁衰，知券契而信衰，知机械而实衰。"同书《下德》篇也强调："与道化者为人，机械诈伪莫载乎心。"这些论述中的"机械"，都是表示工匠技术或技术应用而产生的取巧心理。《淮南子》中也有类似论述。

三、"由技进道"是技艺活动的最高境界

《庄子》中有大量寓意深刻的寓言故事，其中有不少内容是对一些身怀绝技之人所达到的高超技艺境界的描述。这些内容反映了道家的一种技术观念，即技术活动的最高境界是由技达道，也即人在"顺物自然而无容私"②的状态下，使一种技艺活动达到了完美的水平。庄子说："因是已，已而不知其然谓之道。"③从事一种技艺活动时，在不刻意而为的状态下达到了最好的效果，这就是由技达道的境界。

《庄子·养生主》讲述了庖丁解牛的故事。庖丁解牛的动作就像表演歌舞一样符合节奏，运刀的技术已达到"以神遇而不以目视，官知止而神欲行"的地步。庖丁说，自己之所以能如此，是"所好者道也，进乎技矣"。"进"是超过的意识。庖丁追求的是道，已经超过了技艺。这说明，庖丁已经掌握了解牛之道。这种"道"就是在"依乎天

---

① 《荀子·解蔽》。
② 《庄子·应帝王》。
③ 《庄子·齐物论》。

理""因其固然"的状态下做到了"游刃有余"。

《庄子·达生》篇讲述了"痀偻者承蜩"的故事。孔子到楚国去，走出树林时，看见一个痀偻丈人在用长竿子端上的胶粘捕树上的蝉。他捕蝉的技术如此高明，以至于就像从地上捡起蝉那样容易。孔子问他："子巧乎！有道邪？"那人答曰："我有道也。五六月累丸二而不坠，则失者锱铢；累三而不坠，则失者十一；累五而不坠，犹掇之也。吾处身也，若厥株拘；吾执臂也，若槁木之枝；虽天地之大，万物之多，而唯蜩翼之知。吾不反不侧，不以万物易蜩之翼，何为而不得！"痀偻丈人捕蝉之前，经过了一番苦练功夫。开始时，他在竿子端顶上摞叠两个弹丸，经过五六个月的训练而不会坠下来，然后练习摞三个弹丸而不会坠下来，再练习摞五个弹丸也不坠下来。当摞两个弹丸不坠时，粘捕蝉时失手的情况就比较少了；能做到摞三个弹丸不坠，粘蝉时十者失一；能做到摞五个弹丸不坠，粘蝉时就如同从地上捡起来一样容易了。粘蝉时，痀偻丈人身定神凝，体若枯木，臂若枯枝，目"唯蜩翼之知"。这些就是痀偻丈人所说的道。孔子认为这位捕蝉人所说的"道"就是"用志不分，乃凝于神"。其实，仅仅"用志不分"是不够的，只有掌握了捕蝉的诀窍，做到得心应手，才能达到痀偻丈人的水平。这里面也有由技进道的境界，这是一种由凝练的心境与专精的技艺结合而成的境界。

《达生篇》还描述了孔子与蹈水者对话的故事："孔子观于吕梁，县水三十仞，流沫四十里，鼋鼍鱼鳖之所不能游也。见一丈夫游之，以为有苦而欲死也，使弟子并流而拯之。数百步而出，被发行歌而游于塘下。孔子从而问焉，曰：'吾以子为鬼，察子则人也。请问，蹈水有道乎？'曰：'亡，吾无道。吾始乎故，长乎性，成乎命。与齐俱入，与汩偕出，从水之道而不为私焉。此吾所以蹈之也。'孔子曰：'何谓始乎故，长乎性，成乎命？'曰：'吾生于陵而安于陵，故也；长于水而安于水，性也；不知吾所以然而然，命也。'"一个人在鼋鼍鱼鳖所不能游的激流里游泳，游水的技艺达到了极高的水平。孔子以为此人掌握了游水之道。蹈水者不承认自己有道，只是说自己生长在水边，养成了水性，自然而然地长成了会水的命。随着漩涡潜入水中，跟着涌流一同浮出，顺着水势游动，这就是自己蹈水的方法。蹈水者"从水之道而不为私"，"不知所以然而然"，即游水时顺应水的本性，不做任何主观的改变。这同样表达的是"道法自然"的境界。

《达生篇》还讲述了梓庆制作镣的故事。"梓庆削木为镣，镣成，见者惊犹鬼神。""镣"是一种悬挂钟磬等乐器的木架子，上面雕刻着鸟兽等装饰图案。梓庆说："臣将为镣，未尝敢以耗气也，必斋以静心。斋三日，而不敢怀庆赏爵禄；斋五日，不敢怀非誉巧拙；斋七日，辄然忘吾有四肢形体也。当是时也，无公朝，其巧专而外骨消。然后入山林，观天性，形躯至矣，然后成见镣，然后加手焉，不然则已。"如此制作出来的镣"以天合天，器之所以疑神者"。"以天合天"，"以天"是依乎天理，没有主观成见和矫揉造作，"合天"即雕刻成的鸟兽图形与其天然形态完全契合。这表明梓庆已经达到了合乎自然的境界。

《庄子·天道》篇讲述了轮扁与齐桓公对话的故事。轮扁是制作车轮的工匠，他描述自己制作车轮的经验时说："斫轮，徐则甘而不固，疾则苦而不入。不徐不疾，得之于手而应于心，口不能言，有数存焉于其间。臣不能以喻臣之子，臣之子亦不能受之于臣，是以行年七十而老斫轮。"制作车轮时，榫孔与榫头彼此的大小要吻合，做到"不徐不疾"才合适。轮扁说他制作了一辈子的车轮，能够做到"得心应手"，但无法说明如何才能"得心应手""不徐不疾"。轮扁说"有数存焉于其间"。唐代成玄英注疏说："数，术也。"数，指技艺、技术。轮扁制作车轮的技术，既有经验积累，也有自己的领悟。这种无法言传的高超水平，也是达到了道法自然的境界。《淮南子·道应训》转述了这个故事，然后说："故老子曰：道可道，非常道；名可名，非常名。"意思说，这种得心应手的境界是无法言传的。

《庄子》描述的这些身怀绝技者有一个共同的特点，即他们所达到的最高技艺境界，都是在顺乎自然的状态下将事情做到了恰到好处，既不感到刻意所为，也无法用语言说个究竟。这正是道家所主张的道法自然的境界，也是一种体道的境界。这种境界"纯粹是一种直觉性的内在经验，既无法复述，也无法与人交通"①。正所谓"道不可闻，闻而非也；道不可见，见而非也；道不可言，言而非也"②。"道之所以至妙者，父不能以教子，子亦不能受之于父。"③《庄子》所描述的这些身怀绝技的人，都达到了由技进道的境界。这种境界，只可意会，不可言传。工匠技术活动的一般规范可以传授，但技艺的最高境界是无法传授的。由技达道，需要匠人长期的经验积累和精神专一的体悟。

《管子·形势》篇说："羿之道，非射也；造父之术，非驭也；奚仲之巧，非斫削也。"羿、造父、奚仲，分别是上古传说中善射、善驾和善制作车的人。所谓"射""驭""斫削"皆是技，而"羿之道""造父之术""奚仲之巧"则指道，即由技进一步升华而成的道。这三人的技术水平已经达到了庄子所说的"臣之所好者道也，进乎技矣"。

《庄子·天运》说："使道而可献，则人莫不献之于其君；使道而可进，则人莫不进之于其亲；使道而可以告人，则人莫不告其兄弟；使道而可以与人，则人莫不与其子孙。然而不可者，无佗也，中无主而不止，外无正而不行。"所谓"中无主而不止，外无正而不行"，意谓如果不是自己心中悟出的道，是不会在心中停留的；如果向外不能验证，道也不能通行。这里强调的是道必须出自内心的领悟。对于技艺活动尤其如此。长期从事一门技术，悟出其真谛之后，就可以做到虽然不经意而为，也能达到很好的效果。《庄子·达生》篇借巧匠工倕的例子说明了这个道理："工倕旋而盖规矩，指与物化而不以心稽，故其灵台一而不桎。"工倕随手画出来的图形，即达到了别人运用规矩画的效果，手指与物象凝合为一，不必用心思来计量，所以他心灵专一而不受拘束。

文子说："若夫规矩勾绳，巧之具也，而非所以为巧也。故无弦，

---

① 陈鼓应：《老庄新论》，北京：商务印书馆，2008，395。
②《庄子·知北游》。
③《文子·上仁》。

虽师文不能成其曲，徒弦则不能独悲。故弦，悲之具也，非所以为悲
也。至于神和，游于心手之间，放意写神，论变而形于弦者，父不能以
教子，子亦不能受之于父，此不传之道也。"①师文是春秋时郑国一位著
名的乐师，能以琴弦弹奏出美妙的乐章。而他"游于心手之间，放意写
神"的演奏技巧是无法传授予别人的。葛洪也说："良匠能与人规矩，
不能使人必巧也。"②这些都是强调工匠的巧技是无法传授的，只能由
自己在实践中悟得。

四、道家技术观与其他诸子技术观的比较

司马谈认为，先秦诸子中"务为治者"有儒、墨、名、法、道、阴
阳诸家③，即这六家最为关心国家政治。先秦诸子中的一些主要学派在
论述自己的政治主张或学术观点时，都不同程度地表达了对于工匠技术
活动的一定认识及管理主张，其中道家、法家、儒家、墨家的观点最为
典型。

道家对于技术的否定态度，在一定程度上被法家所接受。

法家主张国家以农战为本，以工商为末。商鞅认为，"国之所以
兴者，农战也"，国家尊重"农战之士"，轻视"辩说技艺之民"，
"事本而禁末"④，即可富强。商鞅所说的"本"，指农业，"末"指
商业和手工业。他指出："末事不禁，则技巧之人利，而游食者众之谓
也。故农之用力最苦而盈利少，不如商贾技巧之人。苟能令商贾技巧之
人无繁，则欲国之无富，不可得也。"⑤由于从事手工业和商业活动，

①《文子·自然》。
②《抱朴子·仙药》。
③《史记·太史公自序》。
④《商君书·壹言》。
⑤《商君书·外内》。

获利大于从事农业生产，如果国家提倡工商行业，民众就会抛弃农业而经营工商，由此会导致田荒而国贫。战国早期法家李悝也说："不禁技巧，则国贫民侈。国贫穷者为奸邪，而富足者为淫逸，则驱民而为邪也。"①

另外，商鞅还认为，引导民众务农，不仅是富国之道，而且可以使民众纯朴，易于管理。他说："技艺之士用，则民剽而易徙。"而民"农则朴，朴则安居而恶出"②。"圣人知治国之要，故令民归心于农；归心于农则民朴而可正也，纷纷则易使也，信可以守战也。"③

韩非子也主张实行以农为本、抑制工商的国策。他认为，"商工之民，修治苦窳之器，聚弗靡之财，蓄积待时而侔农夫之利"，属于危害国家的"蠹虫"④。因此他主张："圣人之道，去智与巧，智巧不去，难以为常。民人用之，其身多殃；主上用之，其国危亡。"⑤"巧"，代表工匠技术。在法家看来，民智巧必狡诈，狡诈则难以管制；民笨拙必质朴，质朴则易于治理。所以，韩非子虽然承认"舟车机械之利，用力少，致功大"⑥，但仍把工匠看作"五蠹之民"，认为"人主不除此五蠹之民"，国家将会灭亡。主张"明王治国之政，使其商工游食之民少而名卑，以寡趣本务而趋末作"⑦。

由上述可见，法家出于国家政治目的，提倡限制工匠技术的发展，而道家是从道法自然的理念出发，反对技术的运用，这二者是有所区别的。

与道家和法家不同，儒家和墨家都主张发展技术，以满足社会发展的需要。

儒家以治国平天下为己任，要治理好国家，就要解决国计民生中各

---

①刘向：《说苑·反质》。

②《商君书·算地》。

③《商君书·农战》。

④⑦《韩非子·五蠹》。

⑤《韩非子·扬权》。

⑥《韩非子·难二》。

种技术需求问题，需要发展各种手工业技术。因此，儒家提倡运用各种技术手段提高工作效率，主张发展技术以满足国家需要。

儒家致力于探求治国大道。在他们看来，与治国平天下的大道相比，工匠技术活动需要掌握的则是技艺小道。尽管如此，儒家并不否定这种"小道"。孔子的学生子夏说："虽小道，必有可观者焉；致远恐泥，是以君子不为也。"①朱熹注释说："小道亦是道理，只是小。如农圃、医卜、百工之类，却有道理在。"②子夏认为，技艺小道也有可取之处，只是怕沉湎于它会妨碍治国大事，所以君子不从事这些活动。"百工居肆以成其事，君子学以致其道。"③工匠居住在作坊里从事自己的技术活动，君子通过学习获得治国之道，二者各有专攻。

儒家虽然自己不从事农业生产和工匠技术活动，但他们充分认识到各种职业都有其社会价值。荀子指出，社会各有分工，只有各种职业相互补充，才能实现"泽人足乎木，山人足乎鱼，农夫不斫削、不陶冶而足械用，工贾不耕田而足菽粟"。④也只有这样，社会才能健康发展。

儒家虽然以治国兴邦的君子自居，但他们承认自己在许多方面并不比工匠、商贾和农民高明。《论语·子路》篇记载，樊迟向孔子请教种庄稼的学问，孔子说："吾不如老农。"又请教种蔬菜的学问，孔子说："吾不如老圃。"孔子承认自己在农业生产方面不如老农高明，这是一种实事求是的态度。孔子不赞成樊迟学习农圃，因此说："小人哉，樊须也！上好礼，则民莫敢不敬；上好义，则民莫敢不服；上好信，则民莫敢不用情。夫如是，则四方之民襁负其子而至矣，焉用稼？""文革"期间，孔子的这番话曾被一些人认为是其鄙视劳动人民和轻视农业生产的证据。其实，孔子的话表明，他希望自己的弟子成为治国平天下的社会管理者，而不是从事农业生产的劳动者。孔子的这种要求是无可非议的。这番话并不能说明他对农业生产持轻视态度。儒家

---

① ③《论语·子张》。
②《朱子语类》，卷四十九。
④《荀子·王制》。

承认术业各有专攻，"君子之所谓贤者，非能遍能人之所能之谓也；君子之所谓知者，非能遍知人之所知之谓也；君子之所谓辩者，非能遍辩人之所辩之谓也；君子之所谓察者，非能遍察人之所察之谓也；有所正矣。相高下，视硗肥，序五种，君子不如农人；通财货，相美恶，辩贵贱，君子不如贾人；设规矩，陈绳墨，便备用，君子不如工人。"①儒家认识到君子种地不如农民，经商不如贾人，做工不如匠人，这既是实事求是的态度，也表现了对这些行业的肯定和尊重。荀子主张，君子"于百官之事、技艺之人也，不与之争能，而致善用其功"②。"善用其功"，就是充分发挥各行各业的作用，其中也包括工匠技术活动。

如前所述，《庄子·天地》篇讲述的子贡与浇田老人对话的故事，反映了儒家和道家对待技术的不同态度。子贡建议老人用桔槔浇田，但老人反对这样做，并对儒家进行了讽刺挖苦。子贡听了老人的话后说："吾闻之夫子，事求可，功求成。用力少，见功多者，圣人之道。"子贡的言论代表了儒家对于技术应用的积极态度。战国时期，儒道两家相互辩难。道家明确反对工匠技术的发明及应用。《庄子·天地》篇这则讽刺子贡向浇田老人推荐桔槔的故事，恰好从一个侧面证明儒家对于技术的应用是持肯定态度的。

机械技术具有"用力少、见功多"的效果，人类用其可以弥补自身的不足，提高工作效率。荀子称人类发明和利用各种技术是"善假于物"。"假舆马者，非利足也，而致千里；假舟楫者，非能水也，而绝江河。君子生非异也，善假于物也。"③工匠发明的各种技术器物都是可假之物。荀子提倡君子"善假于物"，就是要充分发挥各种技术发明的社会价值。

《礼记·中庸》篇是儒家的经典，相传为孔子之孙子思所作，其中提出九条治国方略："凡为天下国家有九经，曰：修身也，尊贤也，亲

① 《荀子·儒效》。
② 《荀子·君道》。
③ 《荀子·劝学》。

亲也，敬大臣也，体群臣也，子庶民也，来百工也，柔远人也，怀诸侯也。"并且强调"来百工，则财用足"。"来"，是招来，招致。这里提出的治国"九经"，把发展工匠技术作为其中之一，而没有提到农业和商贾，足见对于工匠技术活动的重视。

《周易·系辞传》为孔子及其后学所作，[①]其中有一段关于技术发明历史的论述。《系辞传》作者认为，包牺氏受《易经》中《离》卦象的启发而发明了网罟；神农氏受《益》卦象的启发而发明了耒耜；黄帝尧舜受《涣》卦象的启发而发明了舟楫，受《随》卦象的启发而发明了车舆，受《小过》卦象的启发而发明了臼杵，受《睽》卦象的启发而发明了弓矢；圣人受《大壮》卦象的启发而发明了宫室，如此等等。这种根据《易经》卦象而创制器物的说法，即《系辞传》所说的"制器者尚其象"。《益》卦（☴☳）巽上震下：巽为风，为木；震为雷，为动；上有木而下动，故神农氏因其象而发明耒耜。《涣》卦（☴☵）巽上坎下：巽为风，为木；坎为水；木在水上，故黄帝因其象而制舟楫。《随》卦（☱☳）兑上震下：兑为泽，为悦；震为动；下动而上悦，故黄帝因其象而发明车舆。[②]《系辞传》这种关于技术发明历史的说法当然是不可信的，但作者把网罟、耒耜、舟楫、车舆、杵臼、弓矢、宫室等技术发明归之于包牺、神农、尧舜、圣人等，体现了其"备物致用，立成器以为天下利，莫大乎圣人"[③]的观念，也在一定程度上反映了对这些技术发明重要性的肯定。

上述表明，儒家充分肯定工匠技术活动的社会价值，提倡发展各种技术以满足社会的需要。[④]

以墨翟为首的墨家学派主要是一些从事手工技术活动者，出身于"百工"阶层。他们不仅在自然科学和逻辑学方面做出过突出的成绩，

① 廖名春：《〈周易〉经传十五讲》，北京：北京大学出版社，2004，219～220。
② 冯友兰：《中国哲学史》（上），北京：三联书店，2008，434。
③《周易·系辞上》。
④ 胡化凯：先秦儒家对于工匠技术活动的认识，《孔子研究》，2011（1），89～97。

而且对于工匠技术活动也有一些合理的认识。墨家主张各种技术发明以利民实用为上，技术活动以节俭实用为原则，技术行为应遵循基本规范。①

作为一种社会职业，崇尚巧技是古代工匠技术活动的基本特点。至于"巧"的标准是什么，古人并未形成一致的认识。在先秦诸子中，只有墨家对于工匠技术产品的巧和拙给出过明确的判别标准。他们以技术产品是否有利于国计民生，或者是否具有实用价值作为评判其巧与拙的根据。

《墨子·鲁问》篇记载："公输子削竹木以为鹊，成而飞之，三日不下，公输子自以为至巧。子墨子谓公输子曰：'子之为鹊也，不如翟之为车辖，须臾斫三寸之木，而任五十石之重。故所为巧，利于人谓之巧，不利于人谓之拙。'"②"车辖"是在车轴两端固定车轮的键，缺少它，车子即无法行驶。《淮南子·缪称训》说："故终年为车，无三寸之辖，不可以驱驰。"同书《人间训》篇也指出："车之所以能转千里者，以其要在三寸之辖。"由此可见车辖的重要性。公输子能以竹木制成鸟鹊在天上飞三日不下，足见其高超的技巧。公输子即鲁班。汉代有"鲁班巧，亡其母"之说。鲁班"为母作木车马，木人御者，机关备俱，载母其上，一驱不还，遂失其母"③。这种传说不可信，但鲁班为春秋时期的能工巧匠则是事实。显然，制作木鹊的技术水平远比制作车辖高明得多，但木鹊无实用价值，而车辖有实用意义，墨子认为前者拙而后者巧，足见其以有无实用价值作为评判技术活动巧与拙的标准。

《韩非子·外诸说左上》记载："墨子为木鸢，三年而成，蜚一日而败。弟子曰：'先生之巧，至能使木鸢飞。'墨子曰：'吾不如为车辀者巧也。用咫尺之木，不费一朝之事，而引三十石之任，致远力多，久于岁数。今我为木鸢，三年而成，蜚一日而败。'"惠施听说此事后评价

---

① 胡化凯：《简论墨家的技术思想》，《管子学刊》，2011（3），53～57。
② 吴毓江：《墨子校注·鲁问》，北京：中华书局，2006。
③《论衡·儒增篇》。

说："墨子大巧，巧为辀，拙为鸢。"①"车辀"是大车辕端与衡梁连接的关键。用三年时间制成的木鸢飞一日而毁，这种费时费工的技术创作毫无实用价值。而用咫尺之木和一朝之功做成的车辀可以使车子任重致远，经久耐用。所以墨子提倡后者，而贬低前者，认为后者巧而前者拙。在墨子看来，具有实用价值的技术就是巧技，无助于国计民生的技术，无论多么精巧，也是笨拙的。

对于墨家的实用至上思想，荀子评价说："墨子蔽于用而不知文"，"故由用谓之道，尽利矣。"②荀子的评价是合理的。一般来说，各种技术活动产物都有一定的价值，或者具有功利实用价值，或者具有娱乐观赏价值，鲁班和墨翟以竹木制作的鸟雀即属于后者。无论是技术的实用价值还是观赏价值，都是人类社会生活所需要的。墨子提倡前者而否定后者，显然具有片面性。不过，墨子的这种主张具有一定的历史合理性。先秦时期，社会经济水平低下，一切技术活动都以解决国计民生的基本需求为要务，各种缺乏实用价值的技术活动都会受到一定程度的限制。不仅墨家持有实用主义的技术观，儒家、法家、管子学派等都有这种主张。提倡技术活动以利民实用为上，是先秦社会的普遍共识。在社会经济不够发达的古代，强调技术发明的实用性，符合社会发展的需要，具有一定的合理性。

墨子要求各种技术活动都应遵循节俭实用的原则，以用财少而兴利多为目的。他借古代圣王之口强调："古者圣王制为节用之法，曰：'凡天下群百工，轮、车、鞼、匏、陶、冶、梓、匠，使各从事其所能。'曰：'凡足以奉给民用则止，诸加费不加民利者，圣王弗为。'"③"轮""车""梓""匠"为攻木之工，"陶"为抟埴之工，"冶"为攻金之工，"鞼""匏"为攻皮之工，凡此种种，代表各种工匠技术职业。墨家主张，各种技术活动只要能满足民众生活的基本需要就

①王先慎：《韩非子集解·外储说上》。
②王先谦：《荀子集解·解蔽》。
③吴毓江：《墨子校注·节用中》。

可以了，凡多费财物而不增加实用价值者，应予以禁止。《墨子·节用》篇和同书《辞过》篇以营造宫室、造作舟车、制作衣服等技术活动为例，反复论证了节俭实用的主张。

《节用中》篇指出，古者圣王"为宫室之法……其旁可以圉风寒，上可以圉雪霜雨露，其中蠲洁，可以祭祀，宫墙足以为男女之别，则止。诸加费，不加民利者，圣王弗为"。《辞过》篇也强调："为宫室之法曰：高足以辟润湿，边足以圉风寒，上足以待雪霜雨露，宫墙之高足以别男女之礼，谨此则止。凡费财劳力，不加利者，不为也。"墨家认为，房屋的基本作用是避风雨、御寒暑、祭先祖、别男女，建筑的宫室只要具备这些功能就足够了，不必追求奢华，浪费财物。

舟车是先民发明的重要交通工具。《辞过》篇说："古之民未知为舟车时，重任不移，远道不至。故圣王作为舟车，以便民之事。其为舟车也，完固轻利，可以任重致远。其为用财少，而为利多，是以民乐而利之。"舟车可以任重致远，具有"用财少而为利多"的效果。出于节俭的目的，墨家反对对舟车做一些华丽而无实用价值的装饰。墨子指出："饰车以文采，饰舟以刻镂。女子废其纺织而修文采，故民寒；男子离其耕稼而修刻镂，故民饥。"[1]《节用上》篇也强调："车以行陵陆，舟以行川谷，以通四方之利。凡为舟车之道，加轻以利者，芊鉏；不加者，去之。凡其为此物也，无不加用而为者，是故用财不费，民德不劳，其兴利多矣。"其中，"芊鉏"二字，现存各种《墨子》版本不一，释义亦不相同。吴毓江认为，"'芊'即'羊'字，羊借为尚"；"'鉏'借为'诸'"；"芊鉏"即"尚诸"，亦即"尚之"之义[2]。本书从吴说。《节用中》篇也有与此类似的论述。墨家认为，制作舟车的基本要求是能够任重致远，不必做一些靡费财物而不增加功用的修饰，这是"为舟车之道"。

---

[1] 吴毓江：《墨子校注·辞过》。
[2] 吴毓江：《墨子校注·节用上》。

衣服是最基本的生活用品。墨家主张，制作的衣服冬可保暖、夏能避暑即可，不必做一些华美的装饰。《辞过》篇指出："为衣服之法：冬则练帛之中，足以为轻且暖；夏则绔绤之中，足以为轻且清。谨此则止。故圣人为衣服，适身体、和肌肤而足矣，非荣耳目而观愚民也。"墨家反对统治者"暴夺民衣食之财，以为锦绣文采靡曼之衣，铸金以为钩，珠玉以为佩，女工作文采，男工作刻镂，以为身服"。他们认为，这种行为"单财劳力，毕归之于无用"。同书《节用上》篇也强调："其为衣裘何以为？冬以圉寒，夏以圉暑。凡为衣裳之道，冬加温、夏加清者，芊鉏；不加者，去之。"《节用中》篇也有类似之说。

以上所述，反映了墨家提倡技术活动应节俭实用的主张。在墨家看来，各种活动"去无用之费"，是"圣王之道"，是"天下之大利"。[①]

通过以上讨论可以看出，儒家肯定工匠技术活动的社会价值，提倡发展技术以满足社会的需要，这种主张无疑是正确的。道家反对技术的发明和运用，这种观点虽然有其哲学认识基础，但与人类文明的进步是背道而驰的。道家强调道法自然，主张保持人及自然万物的本性。这种认识固然有一定的合理之处，但他们只知强调人的自然天性，而忽视了人的社会存在所需要的功利性；只看到技术应用对人的心理及社会产生的负面影响，而忽视了技术的功利价值和社会的现实需要。法家主张严格限制各种技术的发展，提倡重本抑末，这种认识虽然具有一定的政治理由，但有一定的局限性。墨家主张各种技术发明以利民实用为上，技术活动以节俭实用为原则，这些思想观念既具有历史的合理性，也有一定的现实启发和教育意义。

道家认为，工匠技术活动是对事物自然本性的残害，是一种罪过；技术的运用会使人产生投机取巧心理，破坏了人的淳朴天性。所以，他们反对技术的发明和应用。道家提倡的"道法自然"的哲学理念和"无

---

①吴毓江：《墨子校注·节用上》。

为而治"的政治主张是其对技术文明持否定态度的认识根据。道家这种技术观具有明显的消极性及片面性，但这种观念对于我们今天正确认识人类科技文明的价值则具有一定的启发性。

老子称："俗人昭昭，我独昏昏。俗人察察，我独闷闷……众人皆有以，而我独顽以鄙。我独异于人，而贵食母。"[①]"食母"，即守道。世人都明明白白，唯独他昏昏沉沉；世人都精察明辨，唯独他无所识别；众人都好像很有作为，唯独他愚昧而笨拙；他与世人不同，而是保持对道的遵守。在老子看来，与逐名夺利的芸芸众生相比，坚持对道的追求的人是大智若愚，头脑最为清醒。在先秦社会中，道家之所以鹤立鸡群，特立独行，是因为他们认识到了包括技术在内的人类文明对人的异化作用，认识到了各种文明进步所造成的负面影响。虽然这种认识具有片面性，但道家对于技术文明所持的批判态度则是发人深思的。

《庄子·胠箧》篇说："上诚好知而无道，则天下大乱矣！何以知其然邪？夫弓弩、毕弋、机变之知多，则鸟乱于上矣；钩饵、罔罟、罾笱之知多，则鱼乱于水矣；削格、罗落、置罘之知多，则兽乱于泽矣；知诈渐毒、颉滑坚白、解垢同异之变多，则俗惑于辩矣。故天下每每大乱，罪在于好知。故天下皆知求其所不知，而莫知求其所已知者；皆知非其所不善，而莫知非其所已善者，是以大乱。"弓弩、毕弋、机变是捕鸟的工具，钩饵、罔罟、罾笱是捕鱼的工具，削格、罗落、置罘是捕兽的工具，这些工具的使用给鸟兽造成了危害。"知诈渐毒、颉滑坚白、解垢同异"，指智巧诡诈、奸黠狡辩、玩弄曲词，这些行为多，世俗就被迷惑了。"已知者"和"已善者"指人类文明所取得的成绩，其中也包括技术文明。世人只知追求自己所不知的东西，却不知反思自己所已知的东西；只知否定自己所不喜欢的东西，而不知否定自己所喜欢的东西。《胠箧》篇这段话寓有深意，体现了道家的洞察力和深层智慧。人类要做到"求其所已知者"和"非其所已善者"很难。以这种认

---

① 《老子》，第二十章。

识来反思那些对人类社会造成负面影响的现代技术，则是最恰当不过的了。人类已经取得的科技成果是"已知者"和"已善者"，而它们的某些应用却产生了不善的后果，如环境污染和核武器威胁等等。因此，人类在前进的道路上应当时时审视已有的科技成果的合理性，在"求其所不知""非其所不善"的同时，也要"求其所已知者""非其所已善者"。

老子曾经感叹道："吾言甚易知也，甚易行也，而人莫之能知也，而莫之能行也……知我者希，则我者贵矣。"① 如何看待道家学说的合理性？东晋葛洪曾经评价说："道家之言，高则高矣，用之则弊，辽落迂阔，譬犹干将不可以缝线，巨象不可使捕鼠，金舟不能凌阳侯之波，玉马不任骋千里之迹也。若行其言，则当燔栈栝，堕图圄，罢有司，灭刑书，铸干戈，平城池，散府库，毁符节，撤关梁，掊衡量，胶离朱之目，塞子野之耳。泛然不系，反乎天牧；不训不营，相忘江湖。朝廷阒而若无人，民则至死不往来。可得而论，难得而行也。"② 葛洪的评价是有一定道理的，如果完全按照道家的要求去做，将会产生许多社会问题。但是，道家提倡的生存智慧，对于我们今天物质文明高度发达的社会而言，则是有启发意义的。我们并非要像道家那样彻底地抛弃科技文明，而是应以更加理智的态度对待它。③

---

① 《老子》，第七十章。
② 《抱朴子外篇·用刑》。
③ 胡化凯：《道家技术观对现代科技文明发展的启示》，《自然辩证法通讯》，2008（2），76～81。

第七章

『天道恶杀而好生』
——生态伦理思想

　　李约瑟在评价儒家与道家思想的特点及历史价值时说："儒家思想是成功者或希望成功的人的哲学。道家思想则是失败者或尝到过成功的痛苦的人的哲学。道家思想和行为的模式包括各种对传统习俗的反抗、个人从社会上退隐、爱好并研究自然，拒绝出任官职以及对《道德经》中悖论式的'无欲'的话的体现，生而不有，为而不恃，长而不宰。中国人性格中有许多最吸引人的因素都来源于道家思想。中国如果没有道家思想，就会像是一棵某些深根已经烂掉了的大树。"[①]李约瑟对道家思想给予了充分的肯定。他所说的"无欲"，指老子提倡的"自然无为"理念。以老、庄为代表的先秦道家提出了"道法自然""道常无为""物无贵贱""万物一齐""以鸟养养鸟"等主张，这些主张与现代生态伦理学的基本要求是一致的，具有明显的现实意义。

　　近些年来，随着自然界生物多样性受到威胁以及人类生存环境的恶化，道家学说的生态伦理学意义得到国内外学者的普遍重视，并给予了高度评价。澳大利亚生态哲学家西尔万（R. Sylvan）和贝内特（D.Bennett）指出："道家思想是一种生态学的取向，其中蕴含着深层的生态意识，它为'顺应自然'的生活方式提供了实践基础。"[②]美国著名环境思想史学者罗德里克·弗雷泽·纳什（Roderick F. Nash）也指出："东方的古老思想与生态学的新观念颇相契合。在这两种思想体系中，人与大自然之间的生物学鸿沟和道德鸿沟都荡然无存。正如道家指出的那样：万物与我同一。在道家思想中，万物中的每一物（即大自然中的所有存在物）都拥有某种目的、某种潜能，都对宇宙拥有某种意义。"[③]美国著名环境伦理学家卡利科特（J. Baird Callicott）把道家思

---

①李约瑟：《中国科学技术史》，第二卷，北京：科学出版社，上海上海：古籍出版社，1990，178。
②Richard Sylvan and David Bennett. Taoism and Deep Ecology. The Ecologist. 18:1988.148。
③转引自董军、杨积祥：《无为、知止、贵生、爱物——道家生态伦理思想探析》，《学术界》，2008(8)。

想称为东亚的深层生态学，认为道家"顺应自然"的忠告和"与大自然和谐"的现代环境理念可以相互映照、相互补充。美国加州大学伯克利分校物理学家卡普拉（F.Capra）也说："在伟大的诸传统中，据我看来，道家提供了最深刻并且最完美的生态智慧，它强调在自然的循环过程中，个人和社会的一切现象和潜在两者的基本一致。"①这些论述，反映了国外学者对道家思想蕴含的生态伦理学价值的肯定。

20世纪中叶发展起来的生态伦理学，是研究人与自然环境关系的道德原理、道德标准和行为规范的学说。它要求人类将道德关怀的对象从自身延伸到自然存在物，主张把人与自然的关系确立为一种道德关系，提倡人与自然和谐相处、同生共荣。先秦时期，儒家为了实现动植物资源的可持续利用，自觉地提出了一系列保护自然资源的主张。与儒家不同，道家提倡自然无为，主张以平等的态度对待宇宙万物，尊重生命的自然本性。道家提出这些思想是出于其自然哲学理念，主观目的并非要特意保护生物和自然资源。但是，这些思想所蕴含的深层智慧和道德境界是与现代生态伦理学的要求一致的。以道家提倡的自然无为的态度对待生物，尊重各种生命的本性，任其自然生长，不加人为的干预，这才是一种最高的伦理境界。从这种意义上说，道家思想具有明显的现代生态伦理学意义。

一、万物平等思想："以道观之，物无贵贱"

先秦儒家强调人与禽兽的区别，意在突出人在万物中的高贵地位。荀子说："水火有气而无生，草木有生而无知，禽兽有知而无义，人有气、有生、有知，亦且有义，故最为天下贵也。"②荀子把无生命之

---

①Fritjof Capra．Uncommon Wisdom：Conversations with Remarkable People．Simon & Schuster edition，January 1988，36.
②《荀子·王制》。

物、植物、动物和人做了等级区分。道家则认为，以道的观点看，万物齐一，物无贵贱。这种万物平等思想，与现代生态伦理学所倡导的生物平等主义是一致的。

《庄子·秋水》篇论述了万物平等思想，其中写道："以道观之，物无贵贱。以物观之，自贵而相贱。以俗观之，贵贱不在己。以差观之，因其所大而大之，则万物莫不大；因其所小而小之，则万物莫不小。知天地之为稊米也，知豪末之为丘山也，则差数睹矣。以功观之，因其所有而有之，则万物莫不有；因其所无而无之，则万物莫不无。知东西之相反而不可以相无，则功分定矣。以趣观之，因其所然而然之，则万物莫不然；因其所非而非之，则万物莫不非。"《秋水》篇的作者认为，以道的观点看，万物都是平等的，没有贵贱之分，但从万物自身、世俗观念、万物的差异性、万物的功用和认识主体的主观取舍等不同的角度看，就会认为万物有贵贱之分，有大小之别，有有用无用之异，有然与不然的不同，这说明万物的差异是相对的，是非本质性的。从差异性来看，万物各有所长，也各有所短。《秋水》篇举例说："梁丽可以冲城，而不可以窒穴，言殊器也。骐骥、骅骝一日而驰千里，捕鼠不如狸狌，言殊技也。鸱鸺夜撮蚤，察豪末，昼出瞋目而不见丘山，言殊性也。"不同的器物有不同的功用，不同的动物有不同的技能，如果只看到事物的一个方面而忽视其他方面，就不可能对其作出客观的评价。万物都有自己的价值，因而都有平等存在的权利。《秋水》篇强调："以道观之，何贵何贱？""万物一齐，孰短孰长？"意谓万物无贵无贱，无短无长，是平等的、齐一的。文子也说："天下之物，无贵无贱。因其所贵而贵之，物无不贵；因其所贱而贱之，物无不贱。"①

《庄子·齐物论》论述了齐物思想。齐物即齐一万物，主张万物平等。庄子认为，世界万物看起来千差万别，但归根结底是齐一的，万物都是一种既对立又统一的存在。从个体存在来看，万物表现为彼此的对

---

①《文子·自然》。

立和差异；从万物的本体道来看，个体的对立和差异都是相对的，具有统一性。庄子列举了一些事例说明这个道理："故为是举莛与楹，厉与西施，恢恑憰怪，道通为一。""天下莫大于秋豪之末，而大山为小；莫寿于殇子，而彭祖为夭。天地与我并生，而万物与我为一。"小草之茎与擎屋之柱，丑陋的女人与美丽的西施，大山与秋毫，长寿的彭祖与夭折的幼儿等等，都存在明显的差异，但大家都通而为一，都统一于道。《庄子·德充符》也说："自其异者视之，肝胆楚越也；自其同者视之，万物皆一也。"这些论述都表达了万物齐一思想。

《庄子·马蹄》篇描述了道家提倡的"至德之世"："当是时也，山无蹊隧，泽无舟梁，万物群生，连属其乡，禽兽成群，草木遂长。是故禽兽可系羁而游，鸟鹊之巢可攀援而窥。夫至德之世，同与禽兽居，族与万物并，恶乎知君子小人哉，同乎无知，其德不离；同乎无欲，是谓素朴。""至德之世"万物自由生长，人与鸟兽为友，物无贵贱之分，人无君子小人之别，大家都保持少私寡欲的天性。这充分表达了道家提倡的万物平等、和谐相处的理想境界。

《列子·说符》篇指出："天地万物与我并生，类也。类无贵贱，徒以小大智力而相制，迭相食；非相为而生之。"意即人与万物一同产生，都属同类，并无贵贱之分；由于人的智力高于其他物类，能够治服它们，才使其为己所用。事实上，其他物类并非天生就是为人类而存在的，而是与人类平等的。《列子·天瑞》篇讲述了一个"为盗之道"的故事，其中说："天有时，地有利。吾盗天地之时利、云雨之滂润、山泽之产育，以生吾禾，殖吾稼，筑吾垣，建吾舍。陆盗禽兽，水盗鱼鳖，亡非盗也。夫禾稼、土木、禽兽、鱼鳖，皆天之所生，岂吾之所有？"人生活于天地之间，所食所用之物都是盗之于天地所生，没有什么东西是天经地义地为人类而存在的。孟子说："非其有而取之者，盗也。"[①]盗是偷窃行为，不具有合理性。美国动物权利运动精神领袖汤

[①]《孟子·万章下》。

姆·雷根（Tom Regan）在反思人类对于动物行为的不合理性时指出：
人类"犯的根本性错误就在于允许我们把动物当作我们的资源来看待的
制度，只要我们接受了动物是我们的资源这种观点，其余的一切都将注
定是令人可悲的"①。如果人类以《列子·天瑞》篇所说的"盗取"心
态对待自然万物，也许就会少犯雷根所说的错误了。《列子》中的这些
论述，也反映了道家以平等的态度看待自然万物的理念。

长期以来，人类的价值判断和道德标准与人类自身的利益相关，非
人类存在物只有在能为人类的利益服务时才拥有价值，而且认为，把人
类作为价值和道德的唯一主体看待是天经地义的。现代生态伦理学者反
对将所有的生物分为有价值的与无价值的、高等的与低等的，认为所有
的生物都有天赋价值，都是平等的。保罗·泰勒明确指出："人类并非
天生优越于任何其他生物。"②普林斯顿大学应用伦理学家、动物解放
主义者彼特·辛格（Peter Singer）也指出："我们应当把大多数人都
承认的那种适用于我们这个物种所有成员的平等原则扩展到其他物种身
上去。""对平等的要求并不依赖于智力、道德天赋、体力或类似的事
实。平等是一种道德理想，而不是对事实的一种简单维护。"③先秦道
家的万物平等思想正是这样一种理想。对道家而言，万物平等是一种自
然哲学理念，是基本的宇宙观，而不是对某些存在物的简单维护。这是
一种真正无私的、彻底的万物平等思想。尽管现实中人类难以做到对自
然万物的真正平等，但道家的这种思想观念对于我们仍然具有启发和教
育意义。

人类只有控制自己的私欲和好恶，以非功利主义的心态对待自然
万物，才能彻底地以一种平等的心态对待人类之外的其他存在物。而人

---

① 汤姆·雷根：《为动物权利辩护》，转引自杨通进编《生态二十讲》，天津：天津人民出版
社，2008，185。

② Paul W. Taylor, Respect for Nature: A Theory of Environmental Ethics(M), Princeton University
Press, 1986, 100.

③ 彼特·辛格：《所有动物都是平等的》，转引自杨通进编《生态二十讲》，天津：天津人民
出版社，2008，169、173。

类要想合理地控制自己的欲望，则需要一种合适的文化以调整自己的心态和矫正自己的行为，道家文化即是这样一种文化。自然无为，恬淡寡欲，是道家思想的主要内涵，也是道家倡导的人生行为准则。作为一种传统文化观念，这种思想对于今天处理人类社会发展与生态环境的矛盾，具有特殊而重要的意义。

东晋道士葛洪说："天道无为，任物自然，无亲无疏，无彼无此也。"① 道家这种"任物自然"的思想，是一种超越世俗利欲偏见的道德境界。以这种境界审视当今各种生态伦理学流派，可以看出各家都有一定的局限性。现代生态伦理学分为人类中心主义、动物中心主义、生物中心主义和生态中心主义等流派。这些流派将道德关怀的对象由人类扩大到动物界、植物界，以至于整个自然界。尽管各个流派关注的道德关怀对象有所不同，但本质上都是强调人类对于其种族之外一切存在物的责任，都是强调人作为主体对于其他存在物的关爱，其潜在的目的都是为人类的利益服务的。人类受自身的利益驱使，就会对事物有所取舍，有所偏爱。道家提倡一切顺物自然，不加人为的偏袒和干预。以这种心态对待自然万物，就会以真正平等的态度看待一切，既没有功利目的，也没有好恶之别。与其等到泉涸时"相濡以沫，不如相忘于江湖"②。在道家看来，大爱无爱，"大仁不仁"③，"至仁无亲"④，这才是最高的伦理境界。

以自然无为的态度对待宇宙万物，尊重各种生命的本性，任其自然生长，万物即可达到真正的和谐。生态伦理学要求确认自然界的价值和权利，要求保护地球上的生命，要求生物平等和动物解放，如果人类以道家的态度对待宇宙万物，这一切都将不再成为问题。以美国生态哲学家保罗·泰勒（Paul. W. Taylor）为代表所建立的"尊重自然界的伦理

---

① 《抱朴子内篇·塞难》。
② 《庄子·大宗师》。
③ 《庄子·齐物论》。
④ 《庄子·天运》。

158

学"，提出了尊重生命的四个道德规范，其中包括"不作恶"和"不干预"原则，前者要求不伤害自然界中的所有有机体、所有生物种群和生物共同体，后者要求不限制生物有机体的自然生长，顺其自然。其中的"不干预"原则即体现了道家的自然无为思想。

二、尊重生物的自然本性："以鸟养养鸟"

尊重生物的自然本性，关爱生命，是道家思想的又一特点。这种观念与现代生态伦理学的基本要求也是一致的。

《庄子·应帝王》讲述了一个混沌开窍的故事："南海之帝为倏，北海之帝为忽，中央之帝为浑沌。倏与忽时相与遇于浑沌之地，浑沌待之甚善。倏与忽谋报浑沌之德，曰：'人皆有七窍以视听食息，此独无有，尝试凿之。'日凿一窍，七日而浑沌死。"倏和忽为了报答混沌的友谊而为之开凿七窍，他们日凿一窍，结果把混沌凿死了。混沌的自然状态本无七窍，凿窍的结果使其丧命。这个故事表达的是尊重生命的本性，不要妄加干预的理念。

《庄子·马蹄》篇以伯乐相马为例，说明人不尊重马的天性而给其造成的伤害："马，蹄可以践霜雪，毛可以御风寒，龁草饮水，翘足而陆，此马之真性也。虽有义台路寝，无所用之。及至伯乐，曰：'我善治马。'烧之，剔之，刻之，雒之，连之以羁絷，编之以皂栈，马之死者十二三矣；饥之，渴之，驰之，骤之，整之，齐之，前有橛饰之患，而后有鞭策之威，而马之死者已过半矣。"马的本性是食草饮水，在野地里奔驰。伯乐治马，采用种种措施对之进行调教，违背了马的自然本性，结果使其死之过半。

人与动物各有不同的自然本性，因而各自的习性好恶与是非标准也是不同的。《庄子·齐物论》举例说："民湿寝则腰疾偏死，鳅然乎哉?木处则惴栗恂惧,猨猴然乎哉?三者孰知正处?民食刍豢,麋鹿食荐,蝍蛆甘带,鸱鸦耆鼠,四者孰知正味?猨猵狙以为雌,麋与鹿交,鳅与鱼游。毛嫱丽姬,人之所美也,鱼见之深入,鸟见之高飞,麋鹿见之决骤。四者孰知天下之正色哉?"人、泥鳅和猴子各有自己适宜的生活场所,人、麋鹿、蜈蚣和猫头鹰各有自己的美味标准,人、鱼、鸟和麋鹿各有不同的审美规范,这些差异都是本性使然,都有合理性,无法统一。要使大家各得其所,就应尊重各自的本性。

《庄子·至乐》篇说:"《咸池》《九韶》之乐,张之洞庭之野,鸟闻之而飞,兽闻之而走,鱼闻之而下入,人卒闻之,相与还而观之。鱼处水而生,人处水而死,彼必相与异,其好恶故异也。"《咸池》《九韶》是人所爱听的美妙音乐,而鸟兽鱼虫闻之即躲开;鱼在水里安然生活,而人长时间在水里就会死去,二者具有不同的本性。

《庄子·秋水》篇记载了庄子与惠施的"鱼乐之辩"。庄子与惠施在濠水的桥上游玩,庄子看到鲦鱼在水里游动的样子,认为鱼是快乐的。惠施认为庄子不属于鱼类,无法知道鱼是否快乐,于是二人展开了辩论。这个故事也是说明人和鱼具有不同的快乐标准。

《庄子》中的这些内容都是强调,不同的生命具有不同的本性,人应当尊重各自的本性差异。

《庄子·至乐》篇讲述了一个"以己养养鸟"的故事:"昔者海鸟止于鲁郊,鲁侯御而觞之于庙,奏《九韶》以为乐,具太牢以为膳。鸟乃眩视忧悲,不敢食一脔,不敢饮一杯,三日而死。此以己养养鸟也,非以鸟养养鸟也。夫以鸟养养鸟者,宜栖之深林,游之坛陆,浮之江湖,食之鳅鲦,随行列而止,委蛇而处。"《庄子·达生》篇也有与此类似的故事。以招待贵宾的方式养鸟,鸟很快就死去了,因为这样做违背了鸟的本性。只有尊重鸟的本性,"以鸟养养鸟",让其栖之丛林,游之江湖,食之鱼虾,它才能快乐地生活。这个故事也是强调人应尊重动物的本性。

人类为了自己的利益,发明了各种捕捉鸟兽鱼虫的工具。道家认为，这是"好知而无道"的表现。这些智巧器械的使用，损害了动物的本性，结果使得鸟雀乱于天空、鱼兽乱于渊薮。《庄子·胠箧》篇说："夫弓弩、毕弋、机变之知多，则鸟乱于上矣；钩饵、罔罟、罾笱之知多，则鱼乱于水矣；削格、罗落、罝罘之知多，则兽乱于泽矣……故上悖日月之明，下烁山川之精，中堕四时之施，惴耎之虫，肖翘之物，莫不失其性。"人类运用各种器械捕捉鸟兽鱼虫，是伤害动物的表现，是道家所不提倡的。

《庄子》中的这些论述，都在一定程度上表达了对动物本性的尊重和对生命的关爱。彼特·辛格认为："如果一个存在物能够感受苦乐，那么拒绝关心它的苦乐就没有道德上的合理性。不管一个存在物的本性如何，平等原则都要求我们把它的苦乐看得和其他存在物的苦乐同样重要。"[1]法国哲学家、诺贝尔和平奖得主阿尔伯特·史怀泽指出，伦理的基本原则是敬畏生命，同情动物是真正人道的天然要素，伦理不仅与人，而且也与动物有关；动物和人类一样渴求幸福、承受痛苦和畏惧死亡，因此，不考虑人类对动物的行为的伦理是不完整的。他提出要建立一种敬畏生命的伦理学，由于这种伦理学，人类即与一切存在于人类活动范围内的生物发生了联系，关心它们的命运，在力所能及的范围内避免伤害它们，在危难中救助它们。他还认为："由于敬畏生命的伦理学，我们与宇宙建立了一种精神联系。我们由此而体验到的内心生活，给予我们创造一种精神的、伦理的文化意志和能力，这种文化将使我们以一种比过去更高的方式生存和活动于世。"史怀泽甚至认为，随着敬畏生命观念的普及，"一次新的，比我们走出中世纪更加伟大的文艺复兴必然会到来：人们将由此摆脱贫乏的、得过且过的现实意识，而达到敬畏生命的信念。只有通过这种真正的伦理文化，我们的生活才会富有意义"。[2]其实，道家提倡的自然无为、万物平等、尊重生命的理念，

---

[1]彼特·辛格：《所有动物都是平等的》，转引自杨通进编《生态二十讲》，天津：天津人民出版社，2008，174。
[2]阿尔伯特·史怀泽：《敬畏生命》，转引自杨通进编《生态二十讲》，天津：天津人民出版社，2008，59~71。

就是史怀泽所说的这种伦理文化。这种文化不是敬畏生命，而是以一种平和的心态一视同仁地对待各种生命，尊重生命的生存意志。①

三、生物资源保护思想："不涸泽而渔，不焚林而猎"

鸟兽鱼虫及林木柴草是在古人生活中发挥重要作用的自然资源。据史料记载，我国至迟在春秋时期即已设有管理自然资源的官吏，并颁布有相关法令，对各种动植物资源予以保护。在《周礼》描述的国家行政体制中，地官大司徒属下即设有"山虞""泽虞""林衡""川衡"等专门管理山林川泽资源的官吏及其相应的机构。《左传》《逸周书》《国语》《管子》《孟子》《荀子》《礼记》《吕氏春秋》等典籍中，都记载有关于动植物资源保护的相关内容。

先秦时期，物质生产不够丰富，在消耗自然资源的同时，采取适当的措施予以保护，以实现可持续利用，是社会发展的现实需要。另外，在春秋战国时期流行的一些关于商汤、文王等贤明君主的传说中，都有关于他们德及禽兽、仁爱万物的道德赞美，并将这种道德看作他们得以征服天下的重要原因。先秦儒家继承和发展了这种文化。

儒家主张"亲亲而仁民，仁民而爱物"②，并将这种仁爱关照的对象推及人类之外的其他生命，形成了一种超越人类之外的生态伦理观念。孔子主张"钓而不网，弋不射宿"③。孟子强调："不违农时，谷不可胜食也；数罟不入洿池，鱼鳖不可胜食也；斧斤以时入山林，材木不可胜用也。谷与鱼鳖不可胜食，林木不可胜用，是使民养生丧死无憾也。"④"数罟"是网孔细密的渔网。只要抓大鱼，放小鱼，就可以做

---

① 胡化凯：《简论道家思想的生态伦理学意义》，《自然辩证法通讯》，2010（1），70~75。
② 《孟子·尽心上》。
③ 《论语·述而》。
④ 《孟子·梁惠王上》。

到鱼鳖不可胜食；只要有计划地砍伐山林，而不滥伐，就可以做到材木不可胜用。《荀子·王制》篇指出："养长时则六畜育，杀生时则草木殖，政令时则百姓一、贤良服。圣王之制也，草木荣华滋硕之时，则斧斤不入山林，不夭其生，不绝其长也；鼋鼍、鱼鳖、鳅鳝孕别之时，罔罟、毒药不入泽，不夭其生，不绝其长也；春耕、夏耘、秋收、冬藏，四者不失时，故五谷不绝，而百姓有余食也；污池、渊沼、川泽谨其时禁，故鱼鳖优多，而百姓有余用也；斩伐养长不失其时，故山林不童，而百姓有余材也。""童"，指山无草木。荀子把保护动植物资源作为"圣王之制"的重要内容，因为这样做，百姓即可"有余用"，"有余材"，国家才能安定。《礼记·月令》根据一年十二个月的天象物候变化规定国家所应做的事情，其中明确规定，在不同的季节，对草木、鸟兽、鱼虫应采取不同的保护措施。例如：春季，大自然生气方盛，草木萌生。为了让林木顺利生长，要祭祀山林，禁止砍伐树木，禁止焚烧山林，尤其要禁止砍伐可以养蚕的桑柘；同时，禁止举行大的活动，以免耽误农事。春天为了使母畜孕育繁殖，祭祀活动不许用雌性牲口，或者不许用牲口祭祀；为了使鸟雀产卵孵幼，禁止倾覆鸟巢；不许捕杀幼畜、怀孕母畜及飞禽；不许毁坏鸟卵；不要让河泽陂池干涸；打猎用的捕兽网、捕鸟网、喂兽毒药等一律不许拿出城外。《礼记·王制》要求："獭祭鱼，然后虞人入泽梁；豺祭兽，然后田猎；鸠化为鹰，然后设罻罗；草木零落，然后入山林。昆虫未蛰，不以火田，不麑，不卵，不杀胎，不殀夭，不覆巢。"惊蛰以后，管理水泽的虞人可以入水中筑坝捕鱼。中秋以后，可以狩猎。看见大雁飞行后，可以张网捕鸟。草木凋零后，可以砍伐林木。昆虫未入土冬眠时，不许放火、狩猎。一年四季都不许捕杀幼兽，不许掏取禽卵，不许捕杀怀胎的母兽，不许倾覆鸟巢。这些都反映了儒家的自然资源保护思想。

此外，孔子的弟子曾子说："树木以时伐焉，禽兽以时杀焉。夫子曰：'断一树，杀一兽，不以其时，非孝也。'"[1]孟子说："食之以

---

① 《礼记·祭义》。

时，用之以礼，财不可胜用也。"① 荀子说："杀大蚤，朝大晚，非礼也。"② 《礼记·王制》篇说："田不以礼，曰暴天物。"对动植物资源取之以时，用之以礼，不许暴殄天物，则反映了儒家的生态伦理情怀。伦理道德的形成是人类自我觉悟、自我教育的结果，因此严格来说，它只适用于人类自身。但出于社会教化的目的，先秦儒家也将人的伦理规范运用于对动植物的利用和保护上。这对于古代自然资源的保护具有积极的意义。

在20世纪70年代出土的《秦律十八种》及80年代出土的汉代《二年律令》中，都有保护动植物资源的条款，如《秦律十八种》中的《田律》规定："春二月，毋敢伐材木山林及雍堤水。不夏月，毋敢夜草为灰、取生荔、麝鷇鷇，毋……毒鱼鳖，置阱网，到七月而纵之。唯不幸死而伐棺椁者，是不用时。邑之近（近）皂及它禁苑者，麝时毋敢将犬以之田。百姓犬入禁苑中而不追兽及捕兽者，勿敢杀；其追兽及捕兽者，杀之。"③ 其中"夜"，是取的意思；"鷇"，是待母哺食的幼鸟。春天，不许砍伐山林，不许雍堤堵水，不许斩伐草木焚为灰烬，不许伤害幼兽幼鸟，不许药杀鱼鳖，不许设置陷阱及罗网捕杀兽鸟，到了七月才撤除这些禁令。唯独丧葬需要伐木制作棺椁时，不受这种禁令的限制。春天在禁苑打猎时，不许带着猎犬，以免其伤害幼兽。百姓的猎犬跑入禁苑，只要不追捕野兽，即不得将其杀戮。这些明确的律令，反映了秦代以法律手段保护动植物资源的真实情况。由此可以推知，先秦文献记载的关于自然资源保护的内容，在一定程度上反映了当时社会的政治要求及一些学者的思想观念。

以老、庄为代表的道家，虽然没有从社会功利目的出发提出对于动植物资源的保护，但出于道法自然的哲学理念，主张尊重生命、关爱生命，这实质上对动植物也有保护作用。庄子学派提倡"圣人处物不

---

① 《孟子·尽心上》。
② 《荀子·大略》。
③ 李均明：《秦汉简牍文书分类辑解》，北京：文物出版社，2009，170~171。

伤物"①；"入兽不乱群，入鸟不乱行。"②表达了爱护生命，与动物和谐相处的主张。《列子·黄帝》篇对动物的行为做了形象的描述："禽兽之智有自然与人童（同）者，其齐欲摄生，亦不假智于人也。牝牡相偶，母子相亲，避平依险，违寒就温；居则有群，行则有列；小者居内，壮者居外；饮则相携，食则鸣群。太古之时，则与人同处，与人并行。 帝王之时，始惊骇散乱矣。逮于末世，隐伏逃窜，以避患害。"《黄帝》篇作者不仅对动物的活动情况观察得非常仔细，而且对其行为情感描述得也入情入理，充满了同情、怜悯之心。

《文子》中明确提出了保护动植物资源的主张。其中《上仁》篇说："先王之法，不掩群而取夭跳，不涸泽而渔，不焚林而猎。豺未祭兽，罝罘不得通于野；獭未祭鱼，网罟不得入于水；鹰隼未击，罗网不得张于皋；草木未落，斤斧不得入于山林；昆虫未蛰，不得以火田。育孕不杀，殻卵不探，鱼不长尺不得取，犬豕不期年不得食。是故万物之发生，若蒸气出。先王之所以应时修备，富国利民之道也。"这些主张与儒家是类似的。同书《上礼》篇还指出了危害动植物会造成的后果："衰世之主，……刳胎焚郊，覆巢毁卵，凤凰不翔，麒麟不游；构木为台，焚林而畋，竭泽而渔，积壤而丘处，掘地而井饮，浚川而为池，筑城而为固，拘兽以为畜，则阴阳缪戾，四时失序，雷霆毁折，雹霜为害，万物焦夭处于太半，草木夏枯，三川绝而不流。"这些说法虽然言过其实，但反映了作者对保护动植物重要性的强调。

《淮南子·主术训》在论述治国之道时说："是故人君者，上因天时，下尽地财，中用人力，是以群生遂长，五谷蕃殖。教民养育六畜，以时种树，务修田畴，滋植桑麻，肥硗高下，各因其宜；丘陵阪险不生五谷者，以树竹木。春伐枯槁，夏取果蓏，秋畜疏食，冬伐薪蒸，以为民资。是故生无乏用，死无转尸。故先王之法，畋不掩群，不取麑夭，不涸泽而渔，不焚林而猎；豺未祭兽，置罘不得布于野；獭未祭鱼，网

---

①《庄子·知北游》。
②《庄子·山木》。

罟不得入于水；鹰隼未挚，罗网不得张于溪谷；草木未落，斤斧不得入山林；昆虫未蛰，不得以火烧田。孕育不得杀，鷇卵不得探，鱼不长尺不得取，彘不期年不得食。是故草木之发若蒸气，禽兽之归若流泉，飞鸟之归若烟云，有所以致之也。""转"是抛弃之义。这里把动植物资源的保护及利用与"静因之道"联系起来，认为以无为之道治国，就应尊重动植物的生长繁衍规律，长养时予以扶持，成熟后合理利用。

《文子》和《淮南子》反映了黄老道家思想。黄老道家吸收了儒家、法家等学派的治国理念，所提出的政治主张具有明确的保护动植物资源的要求。

东汉王充说："天道无为，听恣其性，故放鱼于川，纵兽于山，从其性命之欲也。不驱鱼令上陵，不逐兽令入渊者，何哉？拂诡其性，失其所宜也。""政之适也，君臣相忘于治，鱼相忘于水，兽相忘于林，人相忘于世。故曰天也。"[1]这里表达的也是对动物的关爱。使"鱼相忘于水，兽相忘于林"，是道家自然无为观念的体现，也是现代生态伦理学的基本主张。

四、道教关爱生命的伦理情怀："慈心于物，仁逮昆虫"

老子说："吾言甚易知也，甚易行也，而人莫之能知也，而莫之能行也……知我者希，则我者贵矣。"[2]尊重生命的自然本性，以平等的态度对待各种生命，这种要求"甚易知"，也"甚易行"，而事实上真正这样做的人却很少。这是因为在各种现实需求和欲望的驱动下，人们很难做到为了其他生物的利益而牺牲自己的利益。道教建立后，在不少方面践行了先秦道家的主张，其中包括对生物的尊重与保护。

---

① 《论衡·自然》。
② 《老子》，第七十章。

　　道教作为一种宗教活动，以追求长生成仙为终极目标。为了实现修道成仙的目的，需要对道士的行为加以规范，因此，道教教义中包含了众多的清规戒律。道教的各种戒律，都把关爱生命、禁止杀生作为重要内容。此外，道教典籍中还有众多的劝善书，其主要内容也是劝人向善、戒杀放生。除了道教的戒律条文和劝善书之外，在一般的道教著作中也有许多提倡保护动植物生命的内容。

　　东汉道教经典《太平经》对道教理论及道教思想的形成和发展产生过重要影响，其中有不少提倡关爱生命、反对杀生的内容。如书中说："夫天道恶杀而好生，蠕动之属皆有知，无轻杀伤用之也。""万物芸芸，命系天，根系地，用而安之者在人；得天意者寿，失天意者亡。""人怀仁心，不复轻贼贱伤万物，则天为其大悦，地为其大喜。""勿杀任用者、少齿者，是天所行，神灵所仰也。"①这些论述都是劝导人们慎杀爱生。

　　东晋葛洪所著《抱朴子内篇》也是道教的重要经典，书中强调修道须先修德，修德即应立功除过，积德行善。葛洪说，为道者"立功为上，除过次之"；"若德行不修，而但务方术，皆不得长生也；行恶事大者，司命夺纪，小过夺算，随所犯轻重，故所夺有多少也"；"积善事未满，虽服仙药，亦无益也。若不服仙药，并行好事，虽未便得仙，亦可无卒死之祸矣"。②葛洪认为，长生之道，修德重于服药、行气之类的方术。不修德，仅凭方术是不能成仙的。不服仙药，只要行善事，也可却病延年。葛洪所说的善事，即包括爱护生灵。《抱朴子内篇·微旨》说："欲求长生者，必欲积善立功，慈心于物，恕己及人，仁逮昆虫。"③仁及昆虫，即包括各种生命。《微旨》篇还列举了一系列属于罪过的行为，其中包括"弹射飞鸟，刳胎破卵，春夏燎猎"等。

　　南北朝时期的《洞真太上八素真经三五行化妙诀》要求修道之人，

---

① 王明：《太平经合校》卷五十，北京：中华书局，1960，174、244、581。

② 《抱朴子内篇·对俗》。

③ 《抱朴子内篇·微旨》。

"慈爱一切，不异己身。身不损物，物不损身。一切含炁，木、草、壤、灰，皆如己身，念之如子，不生轻慢意，不起伤彼心。心恒念之，与己同存，有识愿其进道，无识愿其识生。"①

五代道士谭峭在《化书》中说："禽兽之于人也何异？有巢穴之居，有夫妇之配，有父子之性，有生死之情。乌反哺，仁也；隼悯胎，义也；蜂有君，礼也；羊跪乳，智也；雉不再接，信也……焚其巢穴，非仁也；夺其亲爱，非义也；以斯为享，非礼也。"②以人类社会的夫妻之情、父子之义看待动物的生活，用仁、义、礼、智、信等纲常伦理理解动物的行为，打通了人与动物的伦理界限，更易使人产生对动物的关爱之心。谭峭的这种认识比先秦儒家更富有伦理情怀。

道教典籍中这种关爱生命的论述很多，道教戒律及劝善书集中表达了这方面的内容。

道教戒律是道士们修行必须遵守的行为准则。《传授三洞经戒法箓略说》论述戒律的重要性时说："道学当以戒律为先……凡初入法门，皆须持戒。戒者，防非止恶，进善登仙，众行之门，以之为键。"③《道教义枢》"十二部义"也说："戒者，解也，界也，止也。能解众恶之缚，能分善恶之界，又能防止诸恶也。律者，率也，直也，栗也。率计罪愆，直而不枉，使惧栗也。"④所以，戒律具有防非止恶、率计罪愆的作用。道教戒律类的经书很多，明《正统道藏》中，仅"三洞"类就有戒律类经书30种，60卷；其他如"四辅"类经书中也有不少戒律类著作。大多数道教戒律中都包含禁止伤害动物和植物的内容。

《老君说一百八十戒》是早期道教天师道的主要戒律，有戒文180条，其中至少有16条内容与动植物的保护有关，如：第四戒，"不得杀伤一切"；第十四戒，"不得烧野田、山林"；第十八戒，"不得

---

① 《道藏》，第33册，北京：文物出版社，上海：上海书店，天津：天津古籍出版社，1988年，474页。

② 《道藏》，第23册，第598页。

③ 《道藏》，第32册，第185页。

④ 《道藏》，第24册，第816页。

妄伐树木";第十九戒,"不得妄摘草花";第三十六戒,"不得以毒药投渊池江海中";第四十九戒,"不得以足踏六畜";第五十三戒,"不得竭水泽";第七十九戒,"不得渔猎伤煞众生";第九十五戒,"不得冬天发掘地中蛰藏";第九十七戒,"不得妄上树探巢破卵";第九十八戒,"不得笼罩鸟兽";第一百二十九戒,"不得妄鞭打六畜";第一百三十二戒,"不得惊鸟兽";第一百七十二戒,"人为己杀鸟兽鱼等,皆不得食";第一百七十三戒,"见杀不食";第一百七十六戒,"能断众生六畜之肉为第一,不然则犯戒"。①这些禁令保护的内容很广,山林水泽、花草树木、鸟兽鱼虫、蛰虫禽卵都在其内,不仅不得杀伤一切,而且不得鞭打六畜、惊扰鸟兽;不仅自己不杀生,而且要"见杀不食"。

《上清洞真智慧观身大戒文》是六朝上清派的主要戒律,有戒文300条,其中有"不得杀生暨蠕动之虫""不得以火烧田野山林""不得无故摘众草之花""不得无故伐树木""不得以毒药投渊池江海中""不得竭陂池""不得笼飞鸟走兽"等,这些内容与《老君说一百八十戒》类同。

《中极上清洞真智慧观身大戒经》是全真道龙门派的戒律,有戒文300条,其中有18条属于保护生物的内容,如:"不得杀害一切众生物命""不得啖食众生血肉""不得鞭打六畜""不得有心践踏虫蚁""不得观玩钓弋以为娱乐""不得上树探巢破卵""不得便溺虫蚁上""不得便溺生草上""不得笼罩鸟兽""不得惊散栖伏""不得无故采摘花草""不得无故砍伐树木""不得以火烧田野山林""不得冬月发掘地中蛰藏""不得竭陂池水泽""不得热水泼地致伤虫蚁""不得惊惧鸟兽,促致穷地""当念登仙度世、利济群生"。②这些戒文多与《老君说一百八十戒》相似,也有少数新的内容。

---

① 《道藏》,第18册,第219~221页。
② 《藏外道书》,第12册,第31页。

　　以上是三种具有代表性的大型戒律，内容比较全面。其他一些小型戒文中也含有保护生物的内容。如《初真十戒》有："第一戒者，不得阴贼潜谋，害物利己，当行阴德，广济群生。第二戒者，不得杀害含生，以充滋味，当行慈惠，以及昆虫。"①《太极真人说二十四门戒经》有："第一戒者，不得杀生，割断他命，煎煮美味。"②《三洞众戒文》中"五戒文"的第一戒即要求："目不贪五色，誓止杀，学长生。"③《洞玄灵宝太上六斋十直圣纪经》有"道教五戒"，其中"一者不得杀生"④。《受持八戒斋文》以"不得杀生以自活"作为"八戒"中的第一戒。⑤《洞玄灵宝天尊说十戒经》把"不杀，当念众生"作为第一戒。⑥《无上十戒》有："第一戒者，下土兆民，不得杀生及怀杀想，不得故杀、贪杀，常行慈悲，救度一切群生，观诸众生长如自己。"⑦由这些内容可以看出，不少戒文都把不杀生作为诸条戒律的第一戒，足见道教对戒杀的重视程度。

　　《太上洞玄灵宝三元品戒功德轻重经》中有《三元品戒罪目》，列举了种种修道者违背戒律的罪行，其中有"杀害众生之罪""屠割六畜杀生之罪""刺射野兽飞鸟之罪""烧山捕猎之罪""张筌捕鱼之罪""火烧田野山林之罪""砍伐树木采摘花草之罪""毒药投水伤生之罪""不放生度死之罪""牢笼飞鸟走兽之罪"等等。⑧道士修行，遵守戒律是其基本义务，违背戒律即属于犯罪。

　　《太上感应篇》是北宋末年出现得最早的道教劝善书，其中明确要求"昆虫草木犹不可伤"，并把"射飞逐走、发蛰惊栖、填穴覆巢、伤胎破卵""用药杀树""春月燎猎""无故杀龟打蛇"等看作恶行。⑨

---

①《道藏》，第22册，第278页。
②《道藏》，第3册，第413页。
③《道藏》，第3册，第399页。
④《道藏》，第28册，第381页。
⑤《道藏》，第22册，第281页。
⑥《道藏》，第6册，第899页。
⑦《道藏》，第3册，第501页。
⑧《道藏》，第6册，第880～882页。
⑨《道藏》，第27册，第19～134页。

约成书于元代的道教劝善书《文昌帝君阴骘文》教人要"救蚁"，"济涸辙之鱼"，"救密罗之雀"，"或买物而放生，或持斋而戒杀；举步常看虫蚁，禁火莫烧山林……勿登山而网禽鸟，勿临水而毒鱼虾；勿宰耕牛"等等。[①]

《道藏》所收《水镜录》中有《放生文》和《杀生七戒》，其中都有劝人放生戒杀的内容。《放生文》说："盖闻世间至重者，生命；天下最惨者，杀伤。是故逢擒则奔，蚊虻犹知避死；将雨而徙，蝼蚁尚且贪生。何乃网于山、罟于渊，多方掩取；曲而钩、直而矢，百计搜罗；使其胆落魄飞，母离子散；或囚笼槛，则如处囹圄；或被刀砧，则同临剐戮。怜儿之鹿，舐疮痕而寸断柔肠；畏死之猿，望弓影而双垂悲泪。恃我强而凌彼弱，理恐非宜；食他肉而补己身，心将安忍？"[②]《杀生七戒》主张在生日、生子、营生的日子，以及举行祭祖、祈禳、宴客、婚礼等活动时不要杀生，例如其中说："宴客不宜杀生。良辰美景，贤主佳宾，蔬食菜羹，不妨清致。何须广杀生命，穷极肥甘，笙歌聒饫于杯盘，宰割冤号于砧几。嗟乎！有人心者，能不悲乎？若知盘中之物，从砧几冤号中来，则以彼极苦，为我极欢，虽食，且不下咽矣。可不悲乎？"[③]

"功过格"是道士记录善恶功过的簿册，属于劝善书的一种类型。成书于宋代的《太微仙君功过格》所列的善恶功过中，包括有保护生灵之功和伤害生命之过。例如在"功格三十六条"之下的"救济门十二条"中有："救有力报人之畜一命为十功，救无力报人之畜一命为八功；救虫蚁、飞蛾、湿生之类一命为一功。"在"过律三十九条"之下的"不仁门十五条"中有："故杀有力报人之畜一命为十过，误杀为五过；故杀无力报人之畜、飞禽走兽之类一命为八过，误杀为四过；故杀虫蚁、飞蛾、湿生之属一命为二过，误杀为一过；故杀伤人害物者、

---

① 《道藏》，第12册，402页。
② 《道藏》，第36册，315页。
③ 《道藏》，第36册，316页。

恶兽毒虫为一过，使人杀者同上论。"①成书于清代的《文昌帝君功过格》以及《十戒功过格》《警世功过格》等也都有与此类似的内容。救一命即立一功，杀一生即犯一过，根据不同的生物等级，决定功过的大小。《太微仙君功过格》要求道士们"每日七十五省吾身"，将功过表贴在床头，每日给自己的言行打分，填在表中，每月一小结，一年一大结。这种劝善戒恶的做法，反映了道教的认真态度，具有更强的约束力。

道教劝善书把保护生灵看作善行，把伤害生灵看作恶行，以此劝导修道之人弃恶从善。"道教劝善书作为一种伦理道德教化书，其中所述的伦理道德规范不仅用以调节人与人之间、人与社会之间的相互关系，而且还进一步推广到调节人与动物、植物的关系，人与自然的关系，蕴含着具有神学特征的生态伦理思想。"②

作为一种宗教教义，道教劝善书一般都是假借道教神仙的名义制作，并且宣扬有神灵监督人的善恶行为，由神明对人施行赏罚。因此，道士们保护或伤害生灵的行为会受到神明的督察。所以，道教教义中的生态伦理思想，具有明显的神学色彩。③这是它与道家学说中的生态伦理思想具有本质区别的地方。由于道教的生态伦理观念具有宗教神学性，因此它对于道士来说更具有说服力及约束性。

阿尔伯特·史怀泽指出："只有当人认为所有的生命，包括人的生命和一切生物的生命都是神圣的时候，他才是伦理的。只有体验到对一切生命负有无限责任的伦理才有思想根据。"④"善的本质是：保护生命，促进生命，使生命达到其最高度的发展。恶的本质是：毁灭生命，损害生命，阻碍生命的发展。"⑤道教教义强调对于所有生命的爱护，

---

①《道藏》，第3册，449页。
②乐爱国：《道教生态学》，北京：社会科学文献出版社，2005，289～290。
③乐爱国：《道教生态学》，北京：社会科学文献出版社，2005，298。
④阿尔伯特·史怀泽：《敬畏生命》，上海：上海社会科学院出版社，1992，9。
⑤阿尔伯特·史怀泽：《敬畏生命》，上海：上海社会科学院出版社，1992，91。

以是否保护或伤害生命作为判别善恶的标准，这些做法完全符合史怀泽所提倡的生物伦理准则。

由上述可见，道家提倡道法自然，主张尊重生命的本性，一切顺任自然，不加干预，这是一种大爱无亲的至高伦理境界。道家认为"物无贵贱""万物一齐"，这种观念符合现代生态伦理学提倡的生物平等原则。道家主张"圣人处物不伤物""以鸟养养鸟"，这种主张符合现代生态伦理学提出的动物权利要求。道教教义从追求长生的愿望出发，将关爱生命与得道成仙联系起来，提出了严格的生物保护要求。不仅以戒律的形式予以禁止，而且以劝善的形式加以引导。这些做法尽管具有宗教神学色彩，但从对动植物保护的具体内容来看，则与现代生态伦理学的要求是一致的。

老、庄提倡"道法自然""以鸟养养鸟"等，这些观念与现代对动植物资源保护的要求是一致的。但是，应当看到，道家提倡这些观念是出于自己的自然哲学理念，而不是为了解决古代社会物质资源不足问题，他们并不把人之外的生物看作自然资源，而是看作具有天然存在合理性的东西。与之不同的是，儒家提倡对动植物的保护，则是以维持自然资源的可持续利用为目的的，具有明确的功利性。这是先秦儒、道两家动植物保护思想的根本区别所在。

第八章

『形全精复，与天为一』
——养生思想

　　人是一个复杂的个体，具有自然与社会双重属性，饮食起居及精神活动都会对其健康状况产生影响。如何养生？一直是人类关注的一个重要问题。在先秦诸子中，道家对养生的讨论最多，传世的《老子》《庄子》《文子》《列子》《管子》"内业"及"心术"诸篇，以及《淮南子》等都有这方面的内容。由此反映了道家对人的生命现象以及如何养生的认识。道家从自然无为的理念出发，认为顺应自然、忘却情志、不为外物所累，是养生的根本。

　　人生具有各种欲望，如何在现实生活中合理地满足和适当地消解一些欲望，是人生哲学的一大命题。先秦道家的生命哲学或养生之道，可以使人们获得有益的启示。"道之真以治身，其绪余以为国家，其土苴以治天下。"①在道家看来，道的精华用来治身，其绪余用来治国，其渣滓用来治理天下。文子也说："夫道，无为无形，内以修身，外以治人。"②清静以养身，无为以治国，这是道家的基本理念。

　　人的生命个体具有自然属性，而人的身心健康、寿命长短又与诸多人为因素有关。道家对于生命的态度及其养生思想，既反映了其对于生命现象的认识，也是其自然观的一种延伸和体现。道家学说是道教理论的重要渊源之一，道教不仅以道养生，而且采取积极的措施追求长生成仙。本章从以下几个方面对道家和道教的养生思想做一简单讨论。

---

① 《庄子·让王》。
② 《文子·道德》。

一、体道达生的真人境界：“与日月参光，与天地为常”

老子讨论最多的是本体论和处世哲学，而庄子关注的是生命哲学。庄子主张齐万物，等生死，同是非，取消物我对立，实现心灵的逍遥。《庄子·天下》篇评价庄子“上与造物者游，而下与外死生、无终始者为友”。庄子追求在精神层面上超越现实的羁绊、实现“逍遥”、成为“真人”的境界。

《庄子》中有不少关于“真人”“至人”的描述。这些人体道达生，超然物外，具有超凡脱俗的能力。《庄子》内篇《逍遥游》《齐物论》《大宗师》《应帝王》等都有这种描述，反映了庄子的养生思想和所追求的人生境界。

《逍遥游》描述的神人：“肌肤若冰雪，淖约若处子，不食五谷，吸风饮露，乘云气，御飞龙，而游乎四海之外”；“大浸稽天而不溺，大旱金石流、土山焦而不热。”

《齐物论》描述的至人：“大泽焚而不能热，河汉沍而不能寒，疾雷破山而不能伤，飘风振海而不能惊。若然者，乘云气，骑日月，而游乎四海之外。死生无变于己。”

《齐物论》描述的圣人：“不从事于务”，“而游乎尘垢之外”；“旁日月，挟宇宙，为其吻合。”

《大宗师》描述的真人：“登天游雾，挠挑无极，相忘以生，无所终穷”；“与造物者为人，而游乎天地之一气”；“芒然彷徨乎尘垢之外，逍遥乎无为之业。”

《应帝王》描述的无名人：“与造物者为人，厌则又乘夫莽眇之鸟，以出六极之外，而游无何有之乡，以处圹埌之野。”

《庄子》内篇这些关于“真人”“至人”的描述，是庄子所追求的心灵境界的表达。“老子形而上之本体论和宇宙论色彩浓厚的道，到了庄子则内化为心灵的境界。"①庄子以道代表人生所达到的最高境界，也即体道的境界。

庄子把道解释为："有情有信，无为无形，可传而不可受，可得而不可见；自本自根，未有天地，自古以固存；神鬼神帝，生天生地；在太极之先而不为高，在六极之下而不为深，先天地生而不为久，长于上古而不为老。"并且说："黄帝得之，以登云天；颛顼得之，以处玄宫；禺强得之，立乎北极；西王母得之，坐乎少广。莫知其始，莫知其终。彭祖得之，上及有虞，下及五伯；傅说得之，以相武丁，奄有天下，乘东维，骑箕尾，而比于列星。"②黄帝、颛顼、禺强、西王母等都是传说中的神人，庄子认为他们都是因得道而长生。这种把道看作万古长存，得道即可成为神仙的思想，为后来的道教所吸收。

《庄子》外篇对庄子所追求的"真人"境界也有所描述，如：《在宥》篇描述的广成子，"入无穷之门，以游无极之野"，"与日月参光"，"与天地为常"，人皆有死而他"独存"。《田子方》描述的至人，"上窥青天，下潜黄泉，挥斥八极，神气不变"。《达生》篇描述的至人，"潜行不窒，蹈火不热，行乎万物之上而不栗"。

这些人餐风饮露，不食五谷，冷热不能侵，灾害无所伤，游乎尘世之外，死生无变于己。他们不仅与日月参光，与天地为常，甚至希望驾驭天地、役使万物。

《庄子·在宥》篇讲述了一些寓言故事，其中之一是"黄帝"向"广成子"请教至道。黄帝问："我闻吾子达于至道，敢问至道之精。吾欲取天地之精，以佐五谷，以养民人。吾又欲官阴阳，以遂群生，为之奈何？"广成子答："而所欲问者，物之质也；而所欲官者，物之残也。"黄帝说，自己希望获取天地的精华，用来帮助五谷生长，用来养育百姓；又希望能主宰阴阳，以使众多生灵遂心地成长，究竟如何才能实现这些愿望呢？广成子回答说，你所要问的，是万物的根本；你所

---

① 陈鼓应：《老庄新论》，北京：商务印书馆，2008，391。
② 《庄子·大宗师》。

希望主宰的，却是万物的残余。广成子没有直接回答黄帝的问题，而是指出其所希望达到的目的并不重要。然后，广成子说："天地有官，阴阳有藏；慎守汝身，物将自壮。"意即天和地都有主宰，阴和阳各有府藏，谨慎地守护你的身体，万物将会自己生长。

《在宥》篇的另一则故事讲述的是"云将"向"鸿蒙"请教调合六气的本领。云将问鸿蒙："天气不和，地气郁结，六气不调，四时不节。今我愿合六气之精以育群生，为之奈何？"鸿蒙答："吾弗知！吾弗知！"云将希望鸿蒙告诉他合六气精华以养众生的办法，鸿蒙回答说不知道。三年后，两人再次相遇，鸿蒙对云将说："乱天之经，逆物之情，玄天弗成。解兽之群而鸟皆夜鸣，灾及草木，祸及止虫。意！治人之过也！"又说："心养。汝徒处无为，而物自化。"云将所提的问题是有为而治的表现，鸿蒙反对这种主张，认为有为而治就会扰乱自然常规，违背事物本性，使得鸟兽及草木都蒙受灾难。鸿蒙主张修心养性，无为而治，万物会自然地生长化育。

摄取天地精华，燮理阴阳变化，调合六气，节制四时，以长养五谷、孕育群生，这些都不是古人所能做到的，因而《在宥》篇以无为的理念化解这些企图。

真人是生命永驻、长生不死之人。他们之所以能逍遥于宇宙之间，生命长存，是因为"能登假于道"[1]，达到了道的境界。

《大宗师》讲述了一个修道的故事，女偊是一位得道之士，年龄虽然很大了，却面如童子。他描述自己的修道过程："吾犹守而告之，参日而后能外天下；已外天下矣，吾又守之，七日而后能外物；已外物矣，吾又守之，九日而后能外生；已外生矣，而后能朝彻；朝彻，而后能见独；见独，而后能无古今；无古今，而后能入于不死不生。"守道三日，而后能忘记世故；再持守下去，七日以后，心灵就能不被外物所役使；继续持守，九日以后就能无虑于生死。把生死置之度外，心境就

---

①《庄子·大宗师》。

能清明洞彻；心境明澈，就能体悟绝对的道；体悟绝对的道，就能不受时间的限制；不受时间的限制，就能没有生死的观念。这是一个坐忘或心斋的过程。

所谓"坐忘"，即"堕肢体，黜聪明，离形去知，同于大通"①。不在意自己的肢体，忘却自己的聪明，超脱形体的约束，免除智巧的束缚，与大道融通为一，这就是坐忘。《大宗师》说孟孙氏"不知所以生，不知所以死；不知孰先，不知孰后；若化为物，以待其所不知之化已乎！且方将化，恶知不化哉？方将不化，恶知已化哉……且彼有骇形而无损心，有旦宅而无耗精"②。这即是一种坐忘的境界。所谓心斋，是忘却自我，不为名利荣辱所动，心境保持清虚的状态。无论坐忘，还是心斋，都是忘却身外的一切、保持内心恬静的状态。

庄子说："至人之用心若镜，不将不迎，应而不藏，故能胜物而不伤。"③镜子照物，任其来去，不加迎送，如实反映而无所隐藏。这是一种自然无为的心境，即至人体道的境界。

《庄子·在宥》描述了黄帝向广成子请教长生之道的故事，广成子说："至道之精，窈窈冥冥；至道之极，昏昏默默。无视无听，抱神以静，行将至正。必静必清，无劳汝形，无摇汝精，乃可以长生。目无所见，耳无所闻，心无所知，汝神将守形，形乃长生。慎汝内，闭汝外，多知为败……我守其一以处其和，故我修身千二百岁矣，吾形未常衰。"这里的"至道"，即是清静无为、精神内守的修养功夫。

庄子所说的真人是体道达生之人。文子也说："所谓真人者，性合乎道也。"《文子·九守》对真人做了全面的描述，认为他能够做到"有而若无，实而若虚；治其内，不治其外；明白太素，无为而复朴；体本抱神，以游天地之根，芒然仿佯尘垢之外，逍遥无事之业；机械智巧，不载于心；审于无假，不与物迁；见事之化而守其宗，心意专于

---

① 《庄子·大宗师》。
② 陈鼓应：《庄子今注今译》，北京：中华书局，2009，218。
③ 《庄子·应帝王》。

内，通达祸福于一；居不知所为，行不知所之；不学而知，弗视而见，弗为而成，弗治而辩"。真人"感而应，迫而动，不得已而往；如光之耀，如影之效，以道为循，有待而然；廓然而虚，清静而无，以千生为一化，以万异为一宗"。真人"有精而不使，有神而不用，守太浑之朴，立至精之中。其寝不梦，其智不萌，其动无形，其静无体；存而若亡，生而若死，出入无间，役使鬼神"。真人"使精神畅达而不失于元，日夜无隙而与物为春，即是合而生时于心者也。故形有靡而神未尝化，以不化应化，千变万转而未始有极"。真人所具有的这些特质，都是体道的表现，因此说他是"精神之所能登假于道者"。《淮南子·精神训》也有与此类似的论述。

真人体现了对道的体悟，实现了精神上的超越和自由，虽然现实中不存在真正达到这种境界的人，但真人这种"处乎不淫之度，而藏乎无端之纪，游乎万物之所终始，一其性，养其气，合其德，以通乎物之所造"[①]的生活方式，是涵养形神、延长生命的一种有效方式。

道家这种对于真人的追求和描述，为之后的道教追求长生成仙提供了理论依据。

二、少私寡欲的养生之道："虚静恬淡，寂漠无为"

人人都希望健康长寿，如何有效地养生，一直是人类面对的一个现实问题。

老子主张"见素抱朴，少私寡欲"[②]的养生之道。他认为："生之徒十有三，死之徒十有三，而民生生，动皆之死地之十有三。夫何故

①《庄子·达生》。
②《老子》，第十九章。

也？以其生生也。"①在老子看来，人生在世，属于长寿的，占十分之三；属于短命的，占十分之三；本来可以活得长久，却自己走向死路的，也占十分之三。这十分之三的人之所以短命，因为求生过度、奉养过分了。言外之意，只有极少数（十分之一）的人，善于护养自己的生命，能够做到少私寡欲，过着清静无为的生活。②

"道不可以进而求名，可以退而修身。"③自然无为之道在修身方面的运用，就是要求人舍弃功名利禄的诱惑，做到清心寡欲、恬淡无为。

世俗之人经常会为追逐名利而伤害身体甚至性命。老子提醒人们："甚爱必大费，多藏必厚亡。故知足不辱，知止不殆，可以长久。"④人生最大的敌人是不知足，"罪莫大于可欲，祸莫大于不知足，咎莫憯于欲得"⑤。能够做到知足，即可以保持长久。无论是做事，还是养生，均如此。

庄子说："缘督以为经，可以保身，可以全生，可以养亲，可以尽年。"⑥"缘督"就是顺从自然之道。以自然的理路为常法，就可以保护身体，保全天性，奉养父母，尽享天年。《养生主》说文惠君听了庖丁介绍解牛的经验，懂得了养生的道理。庖丁解牛的关键是"依乎天理""因其固然"，依据牛的形体结构进行操作，做到了"顺物自然而无容私"⑦。文惠君所说的养生道理，也就是遵循自然之道。

庄子认为，为了养生，人应做到"无情"，即"不以好恶内伤其身，常因自然而不益生"。"不益生"，即不人为地去增益生命。在庄子看来，"道与之貌，天与之形，无以好恶内伤其身"⑧，这就是最好的养生。

---

①《老子》，第五十章。
②陈鼓应：《老子注译及评介》，北京：中华书局，2003，259~260。
③《文子·符言》。
④《老子》，第四十四章。
⑤《老子》，第四十六章。
⑥《庄子·养生主》。
⑦《庄子·应帝王》。
⑧《庄子·德充符》。

庄子主张顺应自然而养生，不刻意而为。庄子后学则反复强调"虚静恬淡、寂漠无为"对于养生的重要性。

《庄子·天道》篇说："夫虚静恬淡、寂漠无为者，天地之本，而道德之至，故帝王圣人休焉。休则虚，虚则实，实则备矣。虚则静，静则动，动则得矣。静则无为，无为也则任事者责矣。无为则俞俞，俞俞者忧患不能处，年寿长矣。"意思说，恬淡无为，是天地的本原、道德的极致。所以帝王圣人即停留在这种境界上。心神虚静便空明，空明即感到充实，充实即是完备。心境空明便清静，而后活动，即无不自得。清静便无为，无为则任由事物各尽其责。无为便安逸，不被忧患所困扰，年寿即能长久。这种逻辑推演并不严格，但其意思是明确的，做到恬淡无为，即可长寿。

战国时期已有六禽戏之类的养生之术。马王堆汉墓出土医书即有《导引图》一幅，其中有各种形态的导引人物图像四十四幅，不少动作是模仿禽兽的飞翔、寻食、奔走的形态。《庄子·刻意》篇称："吹呴呼吸，吐故纳新，熊经鸟申，为寿而已矣；此道引之士，养形之人，彭祖寿考者之所好也。"导引之术重在养形，道家认为这并不重要。对于养生而言，重要的是养神，而养神就是要清心寡欲。做到无所不忘，"澹然无极"，即可"不道引而寿"。所以，"恬惔寂漠，虚无无为，此天地之本而道德之质也"。能够做到"平易恬惔，则忧患不能入，邪气不能袭，故其德全而神不亏"。[①]

道家养生，重在养神。喜怒哀乐，都使人耗精伤神。《刻意》篇说："悲乐者，德之邪；喜怒者，道之过；好恶者，心之失。故心不忧乐，德之至也；一而不变，静之至也；无所于忤，虚之至也；不与物交，惔之至也。无所于逆，粹之至也。"喜怒哀乐都是欲望的表现，是与道德相悖的。做到心无忧乐，意无好恶，虚静恬淡，才是"养神之道"。

老子说："五色，使人目盲；五味，使人之口爽；五音，使人之

---

① 《庄子·刻意》。

耳聋；驰骋畋猎，使人心发狂；难得之货，使人之行妨。"①美色、美味、美音、珍宝、游乐，皆人之所欲，但这些都有损于人的淳朴天性，嗜欲深则天机浅，既妨碍做事，也不利于养生，因此道家反对纵情于声色犬马之中。庄子学派称此为"失性"，认为"失性有五：一曰五色乱目，使目不明；二曰五声乱耳，使耳不聪；三曰五臭熏鼻，困惾中颡；四曰五味浊口，使口厉爽；五曰趣舍滑心，使性飞扬。此五者，皆生之害也"。②"滑"，是扰乱。文子说得更为明白："五色乱目，使目不明；五音乱耳，使耳不聪；五味乱口，使口生创；趣舍滑心，使行飞扬。故嗜欲使人气淫，好憎使人精劳，不疾去之，则志气日耗。夫人所以不能终其天年者，以生生之厚。夫唯无以生为者，即所以得长生。"③《淮南子·精神训》也有与此类似的论述。"生生之厚"，即求生过度。"无以生为"，即不过分注重求生，以恬淡自然的心态对待生命。

世人以为，养形足以存生。道家认为，事实并非如此。只有抛开名利的引诱，回归本然的心境，才有利于健康。为此，道家主张"弃世"。"弃世则无累，无累则正平，正平则与彼更生，更生则几矣。事奚足弃而生奚足遗？弃世则形不劳，遗生则精不亏。夫形全精复，与天为一。"④舍弃世俗，就没有拖累，即可心气平正，与自然一同变化更新，便接近道的境地。这样则形体不劳，精神不亏，与自然合而为一。正所谓"必静必清，无劳汝形，无摇汝精，乃可以长生"。⑤

《庄子·庚桑楚》讨论了"卫生之经"，即养生的道理，其中说："行不知所之，居不知所为，与物委蛇，而同其波……不以人物利害相撄，不相与为怪，不相与为谋，不相与为事，翛然而往，侗然而来。是谓卫生之经。"行动时自由自在，安居时无牵无挂，一切都顺其自然；不为利害而受搅扰，不立怪异，不图谋虑，不务俗事，无拘无束而去，

---

① 《老子》，第十二章。
② 《庄子·天地》。
③ 《文子·九守》。
④ 《庄子·达生》。
⑤ 《庄子·在宥》。

纯真无知而来。这就是养生的道理。这里强调的还是清心寡欲之道。

《庄子·让王》提出养生"三忘"："养志者忘形，养形者忘利，致道者忘心。"由"忘形"到"忘利"，再到"忘心"，也是达到清心寡欲的境地。

文子对养生也有诸多讨论。他认为人的本性是恬静无欲的，由于后天欲望的干扰才变得贪婪。"人生而静，天之性也；感物而动，性之欲也；物至而应，智之动也。智与物接而好憎生焉，好憎成形而智出于外，不能反己，而天理灭矣。"要保持天性不灭，就要"不以人易天，外与物化而内不失情。故通于道者，反于清静；究于物者，终于无为。以恬养智，以漠合神，即乎无门"①。

文子也认为，喜怒忧悲对养生是不利的。"夫喜怒者，道之邪也；忧悲者，德之邪也；好憎者，心之过也；嗜欲者，生之累也。人大怒破阴，大喜坠阳，薄气发喑，惊怖为狂，忧悲焦心，疾乃积成。"人若能消除这五种疾弊，则"五藏宁，思虑平，耳目聪明，筋骨劲强，疏达而不悖，坚强而不匮，无所太过，无所不逮"②。这才是健康的生活方式。只有"全性保真"，才能"不亏其身"③，健康长寿。

为何清心寡欲可以长寿？文子回答："静漠恬惔，所以养生也。和愉虚无，所以据德也。外不乱内，即性得其宜。静不动和，即德安其位。养生以经世，抱德以终年，可谓能体道矣。若然者，血脉无郁滞，五藏无积气，祸福不能矫滑，非誉不能尘垢。"④血脉畅达，五藏气顺，祸福不能搅扰心境，毁誉无法污损精神，这样即可健康长寿。为此，文子提倡："圣人食足以充虚接气，衣足以盖形御寒，适情辞余，不贪得，不多积；清目不视，静耳不听，闭口不言，委心不虑，弃聪明，反太素，休精神，去知故，无好无憎，是谓大通。"⑤文子称此为"养生之和"。

————————————————

①②《文子·道原》。
③《文子·精诚》。
④⑤《文子·九守》。

对于养生，庄子学派主张养神重于养形，文子也持这种主张。他指出："治身，太上养神，其次养形。神清意平，百节皆宁，养生之本也；肥肌肤，充腹肠，供嗜欲，养生之末也。"[①]

《列子·杨朱》篇反映了早期道家杨朱的思想，其中对养生也有所论述："太古之人，知生之暂来，知死之暂往；故从心而动，不违自然所好；当身之娱非所去也，故不为名所劝。从性而游，不逆万物所好；死后之名非所取也，故不为刑所及。名誉先后，年命多少，非所量也。"并且认为，人"理无不死""理无久生""生非贵之所能存，身非爱之所能厚"。因此，"既生，则废而任之，究其所欲，以俟于死。将死，则废而任之，究其所之，以放于尽。无不废，无不任，何遽迟速于其间乎"。这是一种顺其自然的养生态度，不违自然之理，不逆万物之情，生死泰然处之，体现了道家崇尚自然生命的一贯态度。

《吕氏春秋》也提出了对养生的认识，其中说："修宫室，安床第，节饮食，养体之道也；树五色，施五采，列文章，养目之道也；正六律，和五声，杂八音，养耳之道也；熟五谷，烹六畜，和煎调，养口之道也；和颜色，说言语，敬进退，养志之道也。此五者，代进而厚用之，可谓善养矣。"[②]这里提出的养体、养目、养耳、养口、养志之道，与道家的主张有明显的不同，比较符合现实生活的养生思想。相比之下，道家的养生理念，离世俗生活较远，常人不易做到。

不过，道家的养生思想是有一定道理的。在喧嚣的尘世中，多几分淡泊宁静之心，少几分争名夺利之志，对于调节身心健康，确实是必不可少的。

《淮南子》中也有不少养生的论述，基本思想与文子一致。《淮南子·要略训》总结道家养生理念时说："所以使人爱养其精神，抚静其魂魄，不以物易己，而坚守虚无之宅者也。"这个评价是恰当的。

---

①《文子·下德》。
②《吕氏春秋·孝行览》。

三、生死齐一的人生态度："不乐寿，不哀夭"

道家既主张以少私寡欲的准则养生，也主张以泰然自若的态度对待生死。

人人都喜生而恶死，但生与死是一种自然现象，是不以人的意志为转移的。在对待生死问题上，庄子主张齐生死，认为生不足乐，死不足哀，生死任其自然。

人的一生，为了争名夺利，会历经艰辛劳顿，并且结果未必能够达到自己的理想，生命在无可奈何之中消耗殆尽。因此，庄子说：人"一受其成形，不亡以待尽。与物相刃相靡，其行尽如驰，而莫之能止，不亦悲乎！终身役役而不见其成功，苶然疲役而不知其所归，可不哀邪！人谓之不死，奚益！其形化，其心与之然，可不谓大哀乎"？人一旦禀受成形，便要履行人生的轨迹，为满足各种欲望而角逐，虽身心疲惫而在所不惜。在庄子看来，这样的人生虽然不死，却无意义。人的形体逐渐枯竭衰老，人的精神也捆缚于其中随之消毁，这是莫大的悲哀。故而，他感到迷茫："予恶乎知说生之非惑邪！予恶乎知恶死之非弱丧而不知归者邪……予恶乎知夫死者不悔其始之蕲生乎！"[1] 生，未必是快乐；死，未必是痛苦。因此，正确的态度是"适来，夫子时也；适去，夫子顺也。安时而处顺，哀乐不能入也"[2]。来去适时，生死处顺，以坦然的心态面对寿夭，这是庄子的生死观。

庄子描述的真人，都是"不知说生，不知恶死；其出不欣，其入不距；翛然而往，翛然而来而已矣。不忘其所始，不求其所终；受而喜之，忘而复之，是之谓不以心损道，不以人助天"[3]。真人不知悦生，不知恶死；生而不喜，死而不忧；来去从容，任其自然。在庄子看

①《庄子·齐物论》。
②《庄子·养生主》。
③《庄子·大宗师》。

来，"死生，命也；其有夜旦之常，天也。人之有所不得与，皆物之情也"①。人的生死是必然而不可避免的，就像永远有白天、黑夜一样，是自然的规律。许多事情是人无法干预的，这是由事物的性质决定的，对于生死也一样。所以，庄子说："夫大块载我以形，劳我以生，佚我以老，息我以死。故善吾生者，乃所以善吾死也。"②意思说，大自然给我形体，赋予生命，使我劳作，用老使我清闲，用死使我安息。既然善我以生，也应善我以死。

庄子笔下的体道真人"与造物者为人，而游乎天地之一气。彼以生为附赘县疣，以死为决溃痈，夫若然者，又恶知死生先后之所在！假于异物，托于同体；忘其肝胆，遗其耳目；反复终始，不知端倪；芒然彷徨乎尘垢之外，逍遥乎无为之业"③。真人与造物者为伴，遨游于天地之间；把生命看作像身上的赘瘤一般，把死亡看作像脓疮溃破了一样，如此怎会知道生死的先后区别呢。它们借助不同的物质构成自己的形体，内忘肝胆，外遗耳目，让生命随着自然而循环变化，不究诘生死的分际；安然神游于尘世之外，逍遥于自然的境地。这也是一种齐生死的境界。这种人生，在现实中是不存在的，只是一种精神上的追求。

《庄子》外篇进一步阐述了齐生死思想。

《庄子·天地》篇主张君子应"不利货财，不近贵富；不乐寿，不哀夭；不荣通，不丑穷；不拘一世之利以为己私分，不以王天下为己处显。显则明，万物一府，死生同状"。寿而不乐，夭而不哀，万物一体，死生同状，以坦然的态度对待生老病死，这是君子应具备的素质。

《庄子·至乐》篇讨论了人生的快乐和对待生死的态度，认为"至乐无乐"，真正的快乐是超脱世俗的情欲，达到内心恬和的状态。文章开篇即提出："天下有至乐无有哉？有可以活身者无有哉？今奚为奚据？奚避奚处？奚就奚去？奚乐奚恶？"这些都是人生面临的现实问题，何去何从？文章承认："夫天下之所尊者，富贵寿善也；所乐者，

---

①②③《庄子·大宗师》。

身安、厚味、美服、好色、音声也；所下者，贫贱夭恶也；所苦者，身不得安逸，口不得厚味，形不得美服，目不得好色，耳不得音声；若不得者，则大忧以惧。"对于这些价值追求，文章予以全然否定，认为这些都是外在的东西，迷恋于此，是愚蠢的。因为，"夫富者，苦身疾作，多积财而不得尽用，其为形也亦外矣。夫贵者，夜以继日，思虑善否，其为形也亦疏矣。人之生也，与忧俱生，寿者惛惛，久忧不死，何苦也！"富人辛劳聚财，贵人忧虑名声，长寿的人忧患着如何才能不死，这些做法都不利于保护自己的寿命。世俗认为，富贵长寿即是快乐。从养生来看，这些都不是快乐。文章指出："吾以无为诚乐矣，又俗之所大苦也。故曰：至乐无乐，至誉无誉。"道家以清静无为为真正的快乐，但世俗之人难以理解。

《至乐》篇讲述了一个故事，庄子的妻子死了，惠子去吊丧，见庄子正在敲着盆子歌唱。惠子说：妻子伴你一生，为你生儿育女，现在老而身死，你不哭也罢，还要敲着盆子歌唱，太过分了！庄子回答：她刚死时，我何尝不哀痛呢，可是仔细一想，她本来是没有生命的，不仅没有生命，而且没有形体；不仅没有形体，而且没有气息。在若有若无之间变而有气，气变而有形，形变而有生命；现在又变而为死，这样生来死往的变化，好像春夏秋冬四季的运行一样。她已静静地安息在天地之间，而我还在啼啼哭哭，这样是不通达生命的道理，所以才不哭。这个故事形象地表达了庄子对待生与死的态度。

《庄子·达生》篇讨论了如何通达生命的真谛，开篇即说："达生之情者，不务生之所无以为；达命之情者，不务知之所无奈何。养形必先之以物，物有余而形不养者有之矣；有生必先无离形，形不离而生亡者有之矣。生之来不能却，其去不能止。悲夫！"通达生命实情的人，不追求生命所不必要的东西。了解命运实况的人，不追求命运所无可奈何的东西。保养形体必须先用物质，可是有些人物质丰富而形体却保养不好。保有生命必须先不使其脱离形体，可是有些人形体没有离散而生命却丢失了。生命的来临不能拒绝，生命的离去也无法阻止。这就是人生命运的可悲。正所谓"生也死之徒，死也生之始，孰知其纪"！①

庄子及其后学反复表达了生死无奈、泰然处之的心境。文子则指出，齐生死的心境本质上是有利于养生的。《文子·九守》篇说："轻天下即神无累，细万物即心不惑，齐生死则意不慑，同变化则明不眩。"《文子·道德》篇也有类似的论述。道家主张重己身而轻天下，贵生命而贱万物，这都是养生之道。不畏死，不乐生，安然顺处，则心志无所惧慑，这对于养生是有利的。

道家主张以坦然的心态对待生死，体现了道法自然的人生态度。与道家不同，道教相信，经过修炼，人可以超越生死，成为生命永驻的仙人。

四、道教对长生的追求："我命在我，不属天地"

道教是一个重视人的现实生命的宗教，重人贵生是其基本特性。道教认为，我命在我，不属天地，人人通过修炼，皆可由生得道，由道得仙，由仙得真，达到形神俱妙、与道合真的境界。对道教来说，追求成仙的修道与促进健康的养生是一致的。"道教认为，修道就是要通天地之化，运阴阳之用，源道德之妙，达性命之真。为此，要绝贪去欲，返朴还醇，游心于淡，合气于漠。寂然不动，因自然而行；虚心而冥，涵宇宙而无迹；无心而照，普万化而无物。不以是非好恶，内伤其生，外伤其形。最终达到身心合一，形神俱妙，自由逍遥的神仙境界。"②可见，道教的修道要求与道家的养生原则是一致的，都是强调清虚自然、少私寡欲。

---

① 《庄子·知北游》。
② 张继禹：《〈道教养生学〉序一》，载杨玉辉著《道教养生学》，北京：宗教文化出版社，2006。

"长生之道，道之至也。"[①]道教认为，人只要掌握了长生之道，即可使自己的生命超越有限，实现永恒。世俗观念认为，人生死由命，富贵在天。道教徒则相信，人的生命长短并非是命中注定的，而是由自己决定的，仙道可学，不死可求。东晋道士葛洪即认为："不死之道，曷为无之？""若夫仙人，以药物养身，以术数延命，使内疾不生，外患不入，虽久视不死，而旧身不改，苟有其道，无以为难也。"[②]在道教看来，只要掌握了成仙之道，即可由人而仙，长生不死，即所谓"人中修取仙，仙中升取天"[③]。正因如此，他们坚信生命的长短可由自己控制。《抱朴子内篇》引《龟甲文》说："我命在我不在天，还丹成金亿万年。"《西升经》也说："我命在我，不属天地。"唐代道士司马承祯指出，人的生命"修短在己，得非天与，失非人夺"[④]。唐末道士吕洞宾也强调："造化功夫只在人"，"我命由己不由天。"[⑤]这些言论表达了道士们对于超越生死限制、掌握自己命运的坚定信念。

"学仙之法，欲得恬愉澹泊，涤除嗜欲，内视反听，尸居无心。"[⑥]道教一方面将清虚自然之道立为修道之本；另一方面又积极探究身心性命的奥妙，认为通过养性修命，可以达到"与天地同流，与太虚同体"的境界。在长期的修道实践中，道教探索、总结了众多的养生方法，诸如服食、导引、守一、内视、存思、存神、坐忘、行气、胎息、按摩、辟谷、调摄、房中术、外丹术、内丹术以及斋醮、符篆、禁咒等等。这些方法大致可以分为服食物品、炼养内气和修养精神三类。以下对其中几种主要方法做一简单介绍和讨论。

"服食"是指通过服食药饵以求长生的养生方法。所食的药物指丹药和草木药，包括膏、丹、丸、散等。饵指糕饼之类，泛指由肉类、草

①葛洪：《抱朴子内篇·黄白》。
②⑥葛洪：《抱朴子内篇·论仙》。
③《锺吕传道集·论真仙》。
④《全唐文》，卷924，《坐忘论·序》。
⑤转引自徐兆仁：《道教与超越》，北京：中国华侨出版公司，1991，6。

木、蔬菜、灵芝、金玉等材料制成的营养品。服食是最早产生的养生修道方法之一。战国时期，服食即与行气、房中同为仙道三派。此法源于早期中医、巫术、仙道，道教将之发展为养生修仙的方法。①道教的外丹术，即由服食方法发展而来。关于服食的作用，历代道士多有论述，如葛洪说："《神农四经》曰：上药令人身安命延，升为天神，遨游上下，使役万灵，体生毛羽，行厨立至。又曰：五芝及饵丹砂、玉札、曾青、雄黄、雌黄、云母、太乙禹馀粮，各可单服之，皆令人飞行长生。又曰：中药养性，下药除病，能令毒虫不加，猛兽不犯，恶气不行，众妖并辟。又《孝经援神契》曰：椒姜御湿，菖蒲益聪，巨胜延年，威喜辟兵。皆上圣之至言，方术之实录也。"②南北朝道士陶弘景也说："《神农经》曰：食谷者，智慧聪明。食石者，肥泽不老（谓炼五石也）。食芝者，延年不死。食元气者，地不能埋，天不能杀。是故食药者，与天相毕，日月并列。"③这些关于服食药饵的作用的描述，不乏夸张、虚妄的成分，但也不可否认，其中有些服食方法是有一定的保健作用的。

"外丹术"是通过炼制和服食丹药以求长生的一种方法。道教早期最为推崇这种炼养方法。关于服食丹药的历史，可以追溯到秦始皇及汉武帝。西汉桓宽《盐铁论》记载，秦始皇笃信神仙长生之术，"当此之时，燕齐之士，释锄耒，争言神仙，方士于是趣咸阳者以千数，言仙人食金饮珠，然后寿与天地相保。"④《史记·封禅书》记载方士李少君游说汉武帝说："祠灶则致物，致物而丹砂可化为黄金。黄金成，以为饮食器，则益寿。"由此可知，秦汉方士为皇帝们开出的长寿良方之一是"食金饮珠"，或以黄金"为饮食器"。这里的"金"是由丹砂等矿物炼制而成的药金。成书于西汉末期的《黄帝九鼎神丹经诀》论述药

①杨玉辉：《道教养生学》，北京：宗教文化出版社，2006，224。
②葛洪：《抱朴子内篇·仙药》。
③陶弘景：《养性延命录·教诫篇》。
④桓宽：《盐铁论·散不足》。

金的功用时说："长生之法，唯有神丹，以丹为金，以金为器，以器为贮，服食资身，渐渍肠胃，沾溉荣卫，藉至坚贞，以驻年寿。"① 与草木之药相比，金属类物质性能稳固，经久不朽，所以道士们相信，服食它会获得比服食草木更好的长寿效果。上书还说："凡欲长生而不得神丹、金液，徒自苦耳。虽呼吸导引、吐故纳新，及服草木之药可得延年"，但仍"不免于死"，因为"草木药埋之即朽，煮之即烂，烧之即焦，不能自生，焉能生人"，只有"服神丹，令人神仙度世"。东汉末年炼丹家魏伯阳也说："金性不败朽，故为万物宝，术士服食之，寿命得长久。"②

葛洪在《抱朴子内篇》中介绍了服食金、银、玉、云母、丹砂、金丹的方法，并对服食金丹而长生的道理作了论述。他说："余考览养生之书，鸠集久视之方，曾所披涉篇卷以千计矣，莫不皆以还丹、金液为大要者焉。然则此二事，盖仙道之极也。服此而不仙，则古来无仙矣……夫金丹之为物，烧之愈久，变化愈妙。黄金入火，百炼不消，埋之，毕天不朽。服此二物，炼人身体，故能令人不老不死。此盖假求于外物以自坚固，有如脂之养火而不可灭，铜青涂脚，入水不腐，此是借铜之劲以捍其肉也。金丹入身中，沾洽荣卫，非但铜青之外傅矣。"③ 葛洪认为，丹药和黄金有百炼不消、经久不坏的坚固性，人服食它们，即摄取了其不朽性，身体即会坚贞不老。《抱朴子内篇》列举了众多"仙药"，其中"上者丹砂，次则黄金，次则白银，次则诸芝，次则五玉，次则云母，次则明珠，次则雄黄，次则太乙禹馀粮，次则石中黄子，次则石桂，次则石英，次则石脑，次则石硫黄，次则石粕，次则曾青，次则松柏脂、茯苓、地黄、麦门冬、木巨胜……"④ 这是一个由丹砂、金银、芝草、矿物、植物排成的序列，不易腐朽的金属矿物居

---

① 《道藏》，洞神部众术类，第584册。
② 魏伯阳：《周易参同契》。
③ 葛洪：《抱朴子内篇·金丹》。
④ 葛洪：《抱朴子内篇·仙药》。

前，容易腐烂的植物居后，反映了作者对这些药物性能优劣的认识。葛洪强调："长生之道，不在祭祀事鬼神也，不在导引与屈伸也；升仙之要，在神丹也。"①针对有人采用服食草药而希望长生的做法，他指出："世人不合神丹，反信草木之药。草木之药，埋之即腐，煮之即烂，烧之即焦，不能自生，何能生人乎？"②《黄帝九鼎神丹经诀》也强调："作华丹成，当试以作金，金成者药成也……金若成，世可度；金不成，命难固。"③

"假求于外物以自坚固"是道士们服食丹药以求长生的思想认识根据。在这种思想指导下，汉晋时期的道士认为，不仅服食金丹可以长生，服食普通的黄金、白银、玉石、珍珠、云母等物也都有长生的效果，只是服食不同的物质，效果有所不同，"服金者寿如金，服玉者寿如玉也"④。当然，事实上服食普通的黄金、白银等物非但不能长生，反而会损害性命。晋代炼丹家狐刚子即指出："五金尽有毒，若不炼令毒尽、作粉，假令变化得成神丹大药，其毒若未去，久事服饵，小违禁戒，即反杀人。"⑤唐代道士金陵子也指出："金生山石中，积太阳之气熏蒸而成，性大热，有大毒"，"若以此金作粉服之，销人骨髓，焦缩而死也。"⑥唐代道士张九垓也说："石金性坚而热，有毒……不堪服食，销人骨髓。"⑦其实，不仅一般的金银不能服食，就是道士们用矿物炼制的各种金丹大多对人体也是有毒副作用的。历史上因为服食丹药而导致慢性中毒以至于丧命者，既有普通的道士，也有尊贵的帝王。正因如此，唐代之后，外丹术走向衰落。

"内丹术"是以人体为炉鼎，以精气神为药物，通过意识的作用而使精气神凝聚成丹的一种炼养方法。从宋代开始，内丹术逐渐成为道

①②葛洪：《抱朴子内篇·金丹》。
③《道藏》，洞神部众术类，第584册。
④《抱朴子内篇·仙药》引《玉经》。
⑤《道藏》，温帙《黄帝九鼎神丹经诀》卷九引。
⑥《道藏》，洞神部众术类，第590册。
⑦《道藏》，洞神部众术类，第586册。

教最重要的修炼方法。在道书中，"内丹"与"外丹"一样，也被称为"金丹"或"内金丹"。这种"金丹"主要指凝练精气神的功夫，也可以理解为精气神所凝结而成的所谓的"丹"。[①]道士们相信，通过精气神的炼养，可延年益寿，得道成仙。晋代道书《黄庭经》即指出："仙人道士非有神，积精累气乃成真。"[②]《云笈七签》引《仙经》说："我命在我，保精爱气寿无极也。"唐末著名内丹派祖师吕洞宾也强调："悬精息气养精神，精养丹田气养身；有人学得这般术，便是长生不死人。"这些言论，表达的都是对内丹术的推崇。

内丹修炼强调药物、炉鼎、火候三要素。"以身心为鼎炉，精气为药物，心肾为水火，五脏为五行，肝肺为龙虎，精为真种子，以年月日时行火候。"[③]精气神是修炼内丹的药物，人体是修炼内丹的炉鼎，火候是指修炼过程中的意念运用或运用意念控制呼吸的程序、方法、尺度。《金丹正宗》概括内丹术说："聚先天祖炁为药物，守玄关一窍为鼎炉，以元神妙用为火候，日锻月炼，时烹刻煮，及时成功，可以脱胎换骨，超凡入圣，跨鸾鹤而冲九霄，登昆仑而游八极，大道之要，不过如斯。"[④]内丹修炼循序渐进，分为炼己筑基、炼精化气、炼气化神、炼神还虚几个阶段。道教认为，经过这些炼养过程，人就可以炼成金丹，成就神仙，长生不老。这实质上是通过调节体内气机的运行，以畅通血脉，达到却病延年的一种健身方法。

"行气"，也称练气、吐纳、服气、食气，是一种以意念控制呼吸吐纳或内气运行的养生方法。战国时期即有行气养生术。据考证，属于战国文献的《行气玉佩铭》记载了行气法的要领："行气，深则蓄，蓄则伸，伸则下，下则定，定则固，固则萌，萌则长，长则退，退则天。天机舂在上，地机舂在下，顺则生，逆则死。"[⑤]马王堆帛书《却谷食

①杨玉辉：《道教养生学》，北京：宗教文化出版社，2006，240。
②《黄庭内景经》第二十八章，重刊道藏辑要尾集。
③李道纯：《中和集》，《道藏》第4册，491页。
④《道藏》第24册，第188页。
⑤见陈耀庭：《道家养生术》，上海：复旦大学出版社，1992，183。

气篇》也记载了行气辟谷的方法。行气的主要作用是疏理气机，使人体气血舒畅，脏腑通利，保持健康。葛洪认为，行气、房中、服药为修道成仙的三大"至要"。关于行气，他说："服药虽为长生之本，若能兼行气者，其益甚速，若不能得药，但行气而尽其理者，亦得数百岁……人在气中，气在人中，自天地至于万物，无不须气以生者也。善行气者，内以养身，外以却恶。"[1]葛洪《抱朴子内篇》及陶弘景《养性延命录》等都介绍了行气的具体方法，如《抱朴子》说："初学行炁，鼻中引炁而闭之，阴以心数至一百二十，乃以口微吐之，及引之，皆不欲令己耳闻其炁出入之声，常令入多出少。以鸿毛着鼻口之上，吐炁而鸿毛不动为候也。渐习转增其心数，久久可以至千，至千则老者更少，日还一日矣。夫行炁当以生炁之时，勿以死炁之时也。"[2]行气的具体方法很多，但基本的原则都是一致的，即要求行气时，凝神净虑，专心致志，呼吸吐纳做到轻、缓、匀、长、深。[3]

"导引"是用意念引领肢体运动，以锻炼形体的一种修炼方法。导引之术在战国时期即已存在，《庄子·刻意》篇即称"吹呴呼吸，吐故纳新，熊经鸟申"，均为"导引之士"延年益寿的方法。成玄英注释说："斯皆导引神气以养形魂，延年之道，驻形之术。"凡欲胎息服气，以导引为先。此法可以"开舒筋骨，调理血脉，引气臻圆，使气存至极，力后见焉"[4]。导引术在使肢体运动的同时，还伴随有行气、炼神等修炼，这是它与一般的体育运动的根本差别所在。

"守一"是以意念守持精、气、神，使之不致耗散，以达长生久视的一种修炼方法。此法的思想源于老、庄。老子以"一"喻道，强调"得一"的重要性，其称："昔之得一者，天得一以清，地得一以宁，神得一以灵，谷得一以盈，万物得一以生，侯王得一以为天下正。"[5]

---

[1]《抱朴子内篇·致理》。
[2]《抱朴子内篇·释滞》。
[3]杨玉辉：《道教养生学》，北京：宗教文化出版社，2006，228。
[4]《灵剑子·导引势第八》。
[5]《老子》，第三十九章。

《庄子·在宥》篇介绍长生之道时也说："我守其一以处其和，故我修身千二百岁矣，吾形未常衰。"道教的早期经典《太平经》继承了老庄的这种思想，提出了"守一"修养方法，并强调了其在修道中的重要性。《太平经》说："夫一者，乃道之根本也，气之始也，命之所系属，众心之主也。""古今要道皆言，守一可长存而不老。人知守一，名为无极之道。"① 老、庄所说的"一"，主要指"道"。《太平经》强调"守一"，但关于"一"的内涵，书中说得并不明确。因此，关于"守一"的具体内容，历来就有不同的看法，有主张守气者，有主张守神者，还有主张守精、气、神者，各种说法都有自己的根据。②

"存思"也称存想，是在心中念想某一对象，使神存体内，与形相守，达到形神合一、长生久视的一种修养方法。存思人体中或天地间的各种尊神，即为"存神"。《太平经》描述的思五藏神方法，即属于存思或存神。南北朝时期，存思成为上清派的主要修炼方法，如《黄庭内景经·脾长章》即称："可用存思登虚空。"③《老君存思图十八篇》强调了存思在修道中的重要性："修身济物，要在存思。存思不精，漫澜无感……是故为学之基，以存思为首。"④《天隐子·存想篇》也说："存谓存我之神，想谓想我之身。闭目即见自己之目，收心即见自己之心，心与目皆不离我身，不伤我神，则存想之渐也……是以归根曰静，静曰复命，诚性存存，众妙之门。此存想之渐，学道之功半矣。"⑤ 存思的具体方法有三类：一是存思身体内的形、气、神，如内视或内想肝、心、脾、肺、肾等。早期道教上清派认为人体各部位皆由神掌管，故有三部八景神之说。二是存思身外神，即存想道教信奉的天地间各种尊神的名号、相貌、居所等。三是存思身体内外的某种特殊景象，如五星、日月、玄白等等。⑥

---

① 王明：《太平经合校》，北京：中华书局，1960，12、716。
② 杨玉辉：《道教养生学》，北京：宗教文化出版社，2006，231。
③ 《道藏》第6册，第505页。
④ 《云笈七签》卷四十三，《道藏》第22册，第300页。
⑤ 《天隐子·存想篇》，《道藏》第21册，第700页。
⑥ 杨玉辉：《道教养生学》，北京：宗教文化出版社，2006，234。

由这些修炼方法可以看出，道教为了实现羽化成仙的愿望，采取了各种积极的手段。实践证明，道士们企图通过服食丹药而获得长生的做法是失败的，而通过精气神的炼养，尽管有助于人体的健康，但仍然不能达到长生不死的效果。因此，尽管道士们坚信"我命在我不在天"，为超越生命的有限性进行了长期的探索，付出了沉重的代价，但他们所走的毕竟是一条违背自然规律的道路。他们不切实际地试图使客观上生命有限的人类个体在现实中达到永恒的存在，其结果注定是要失败的。

不可否认，作为一种宗教活动，道教的长生成仙探索含有一定的非理性因素，这种因素是道士们矢志不渝地追求修道成仙的动力之一。道士们试图把金石矿物的某些属性，特别是抗蚀性、升华性移植到人体中去，弥补人的机体难以长生的缺陷。由于科学认识水平不足，方士们天真地把金石的不朽与人体的健壮、生命的寿夭这两种本质不同的事物进行机械的类比，甚至等同起来；把物质的化学性质、化学变化与人体的生命现象、生理活动也混同起来。因此，这种做法不可能取得预期的效果，以至于在上千年的实践中得以长生度世、如愿以偿者总无所见，而中毒殒命者则屡见不鲜。[①]

对于古人的这种执着追求和失败历史，我们需要予以正确的评价。道士们追求长生，虽然不符合自然规律，但具有一定的积极意义。"道教超越普通生命观念，进而超越普通医学的努力，使它具备了对中国医学和科技发展产生可能推动作用的条件和自我励进的机制。"[②]道士们长期的身体炼养实践及探索活动，推动了古代医学及人体生命科学的发展；道士们践行的行气、导引等修炼方法，确实是养生保健的有效方法；道士们炼制外丹的长期实践，促进了对一些金石矿物性能及其化学反应的认识，对古代火药的发明和冶金技术的发展都起到了积极的推动作用。唐代末期，正是道士们在炼制外丹活动中，不自觉地发明了火药。

[①]赵匡华、周嘉华：《中国科学技术史》（化学卷），北京：科学出版社，1998，312。
[②]姜生、汤伟侠主编：《中国道教科学技术史》（汉魏两晋卷），北京：科学出版社，2002，9。

老子主张少私寡欲、知足常乐，以自然无为的态度养生。庄子主张齐物我、等生死，追求逍遥无羁的精神自由。道家的养生学说是其自然无为思想在养生方面的贯彻和体现，是与其基本的哲学观念一致的。道教虽然以道为修行之本，却以积极的态度对待生命，采取各种手段追求长寿成仙。道教践行的是积极有为的养生之道，与道家的自然无为理念是有区别的。尽管追求人的长生不死是违背自然规律的，但道教探索的部分修炼方法对于养生保健则是有积极作用的。

结语：道家自然观对现代文明发展的启示

"历史的意义通过历史学的研究被体现和放大，历史因此获得生命，并成为我们今天的财富。"[1]任何历史研究都不可能与当下完全脱离，否则即失去或降低了研究的意义，对道家思想的研究也不例外。道家思想，包括道家自然观，既有重要的历史意义，也有一定的现实价值，对现代文明的发展具有一定的启发性。就道家自然观的现代意义而言，至少有以下几个方面。

其一，天人合一思想是人类与自然界和谐相处的基本原则。道家所说的天，是自然之天。天人合一，是人的行为与大自然保持一致，尊重事物的自然本性。道家强调法天、顺天思想，表达的都是这种意思。人类的生存不可能脱离自然环境，空气、水、食物、染料等等，都需要从自然界获取。当今社会出现的环境污染、资源危机，都是由于人的行为不遵守自然规律、不尊重事物的自然本性而造成的。随着世界人口增多、各国竞争发展的加剧，人类对自然界的索取也日益加剧。若不能

---

[1]史及伟：《〈南宋史研究丛书〉编后语》，载王国平主编《南宋史研究丛书》，北京：人民出版社，2009。

很好地尊重自然，合理地利用各种自然资源，而是处处以人的主观意志为转移，随心所欲地向自然界索取，就会造成环境破坏、资源枯竭等问题，对人类的生存与发展产生危害。目前，人类虽然为了治理环境污染付出了巨大的代价，但仍然面临着许多威胁和挑战。天人合一是人与自然界和谐相处的基本原则，人类文明的发展已经走了一段很长的弯路，只有回归天人合一的轨道，才是正确的发展方向。

其二，正确认识技术应用的正负面效应，是保证技术健康发展的必要前提。道家出于自然无为的哲学理念，否定技术的发明和运用，这种观点无疑具有偏激性。但是，道家对于技术的批判态度，有助于启发人类以辩证的态度看待技术。技术是人类的发明创造，是推动人类文明进步的重要手段。但技术是一把双刃剑，在产生正面作用的同时，也会带来一定的负面作用。化肥和农药的使用，提高了农作物的产量，但其残留物污染了土地和水资源；燃油机的发明，驱动了各种机车，但排出的废气污染了空气；如此等等，举不胜举。如何最大限度地发挥技术的正面作用，而合理地避免或减少其负面作用，是人类面临的一个重大难题，对于技术高度发达的当今社会尤其如此。人类文明要保持健康的发展，就需要正确认识技术应用的正负面效应，在前进的道路上，时时审视已有的和即将发明的科技成果的合理性，在"求其所不知""非其所不善"的同时，也要"求其所已知者""非其所已善者"，理智地把握发展的方向。我们并非要像道家那样彻底地抛弃科技文明，而是应以审慎的态度对待它。

其三，尊重生命的自然本性是生态伦理学的基本要求。道家提倡"道法自然""物无贵贱""万物一齐""以鸟养养鸟"等，都是强调尊重生物的自然本性、维护生物的天赋权利，这与现代生态伦理学的基本要求是一致的。生态伦理学要求把道德关怀的对象从人类扩展到所有的生命和自然界。尊重自然，关爱生命，赋予各种生命体平等的地位，这是生态伦理学的基本原则。道家主张大爱无爱，大仁不仁，以平等的态度对待一切生命，使得"鱼相忘于水，兽相忘于林"。这是一种大爱无爱的至高伦理境界。达到这种境界，万物自然生长，没有什么东西受到危害，无需伦理关怀，这时生态伦理学也就失去了存在的必要。人类只有控制自己的欲望和好恶，以非功利主义的心态对待各种生命，才能彻底地以一种平等的心态对待人类之外的其他生命。而人类要想合理地控制自己的欲望，则需要一种合适的文化以调整自己的心态和矫正自己的行为，道家文化即是这样一种文化。

其四，少私寡欲是养生保健的基本要求。人生具有各种欲望，名利情欲过于强烈，是养生的大忌。人的生命包括精神和肉体两个方面，而且二者是相互关联的。养神的最好方法就是清心寡欲。要做到清心寡欲，就要淡泊名利，知足知止，在生活上去甚去泰，崇俭抑奢。这些都是道家所提倡的。少私寡欲，并不是彻底地杜绝私欲，而是适当地抑制各种欲望，使之不至于伤神害体。毫无疑问，道家的清心寡欲养生之道，对于当今社会那些沉湎于声色名利之中的人们，具有明显的劝诫和教育作用，对于培养人们正确的人生观也不无教育意义。

道家思想凝聚了诸多学者的人生智慧和思想精华，具有多方面的历史价值和现代意义，本书只是对其中的一部分内容做了初步的讨论。

参考文献

[1] 金景芳、吕绍刚.周易全解[M].上海：上海古籍出版社，2005.

[2] 江灏、钱宗武.今古文尚书全译[M].贵阳：贵州人民出版社，1990.

[3] 周振甫.诗经译注[M].北京：中华书局，2006.

[4] 楼宇烈.老子道德经注校释[M].北京：中华书局，2009.

[5] 陈鼓应.老子注译及评介[M].北京：中华书局，2003.

[6] 杨伯竣.论语译注[M].北京：中华书局，2004.

[7] 程树德.论语集释[M].北京：中华书局，2008.

[8] 杨伯竣.春秋左传注[M].北京：中华书局，2005.

[9] 郭化若.孙子译注[M].上海：上海古籍出版社，1990.

[10] 杨伯竣.孟子译注[M].北京：中华书局，2008.

[11] 陈鼓应.庄子今注今译[M].北京：中华书局，2009.

[12] 陈鼓应.管子四篇诠释[M].北京：商务印书馆，2006.

[13] 陈鼓应.黄帝四经今注今译[M].北京：商务印书馆，2007.

[14] 高明.帛书老子校注[M].北京：中华书局，2004.

[15] 吴毓江.墨子校注[M].北京：中华书局，2006.

[16] 姜涛.管子新注[M].济南：齐鲁书社，2006.

[17] 张震泽.孙膑兵法校理[M].北京：中华书局，2014.

[18] 蒋礼鸿.商君书锥指[M].北京：中华书局，2011.

[19] 李定生、徐慧君.文子校释[M].上海：上海古籍出版社，2004.

[20] 彭裕商.文子校注[M].成都：四川出版集团巴蜀书社，2006.

[21] 许富宏.慎子集校集注[M].北京：中华书局，2013.

[22] 王天海.荀子校释[M].上海：上海古籍出版社，2005.

[23]黄怀信.鹖冠子校注[M].北京：中华书局，2014.

[24]严北溟、严捷.列子译注[M].上海：上海古籍出版社，1991.

[25]王先慎撰，钟哲点校.韩非子集解[M].北京：中华书局，2006.

[26]许维遹.吕氏春秋集释[M].北京：中华书局，2009.

[27]潜苗金.礼记译注[M].杭州：浙江古籍出版社，2007.

[28]何宁.淮南子集释[M].北京：中华书局，2010.

[29]王卡点校.老子道德经河上公章句[M].北京：中华书局，1997.

[30]黄晖.论衡校释[M].北京：中华书局，2011.

[31]刘笑敢.老子古今：五种对勘与析评引论[M].北京：中国社会科学出版社，2005.

[32]王明.太平经合校[M].北京：中华书局，1960.

[33]楼宇烈.王弼集校释[M].北京：中华书局，2012.

[34]王明.抱朴子内篇校释[M].北京：中华书局，2010.

[35]胡适.中国哲学史大纲[M].北京：团结出版社，2006.

[36]郭沫若.青铜时代[M].北京：中国人民大学出版社，2005.

[37]高亨.诸子新笺[M].济南：山东人民出版社，1961.

[38]钱穆.世界局势与中国文化[M].台北：兰台出版社，2001.

[39]冯友兰.中国哲学史[M].北京：三联书店，2008.

[40]张岱年.中国哲学大纲[M].北京：中国社会科学院出版社，1997.

[41]张岱年.中国哲学发微[M].太原：山西人民出版社，1981.

[42]张岱年.国学要义[M].北京：北京大学出版社，2012.

[43]汤一介.郭象与魏晋玄学[M].北京：北京大学出版社，2000.

[44]杨振宁.曙光集[M].北京：三联书店，2008.

[45][英]李约瑟.中国科学技术史[M].第二卷，科学出版社，上海古籍出版社，1991.

[46]余敦康.魏晋玄学史[M].北京：北京大学出版社，2004.

[47]任继愈主编.中国道教史[M].北京：中国社会科学出版社，2001.

[48]任继愈.中国哲学发展史（先秦、秦汉卷）[M].北京：人民出版社，1998.

[49]卿希泰.简明中国道教史[M].北京：中华书局，2013.

[50]陈鼓应.老庄新论[M].北京：商务印书馆，2008.

[51]蒙培元.蒙培元讲孔子[M].北京：北京大学出版社，2005.

[52]蒙培元.蒙培元讲孟子[M].北京：北京大学出版社，2006.

[53]李泽厚.中国古代思想史论[M].北京：三联书店，2012.

[54]张岂之主编，刘宝才、方光华分卷主编.中国思想学说史（先秦卷）[M].桂林：广西师范大学出版社，2008.

[55]赵匡华、周嘉华.中国科学技术史（化学卷）[M].北京：科学出版社，1998.

[56]廖名春.《周易》经传十五讲[M].北京：北京大学出版社，2004.

[57]黄钊主编.道家思想史纲[M].长沙：湖南师范大学出版社，1991.

[58]李均明.秦汉简牍文书分类辑解[M].北京：文物出版社，2009.

[59]杨通进.生态二十讲[M].天津：天津人民出版社，2008.

[60]杨玉辉.道教养生学[M].北京：宗教文化出版社，2006.

[61]乐爱国.道教生态学[M].北京：社会科学文献出版社，2005.

[62]徐兆仁.道教与超越[M].北京：中国华侨出版公司，1991.

[63]萧无陂.自然的观念[M].长沙：湖南人民出版社，2010.

[64][法]阿尔伯特·史怀泽.敬畏生命[M].上海：上海社会科学院出版社，1992.

[65]熊铁基.秦汉新道家[M].上海：上海人民出版社，2001.

[66]丁原明.黄老学论纲[M].济南：山东大学出版社，1997.

[67]胡化凯.中国古代科学思想二十讲[M].合肥：中国科学技术大学出版社，2013.

索　引

（按汉语拼音顺序排列）

定价：30元

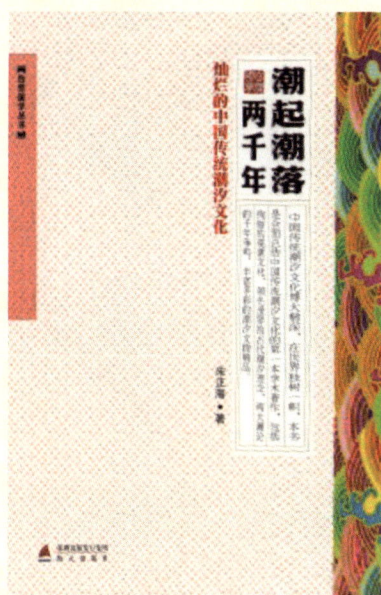

定价：25元

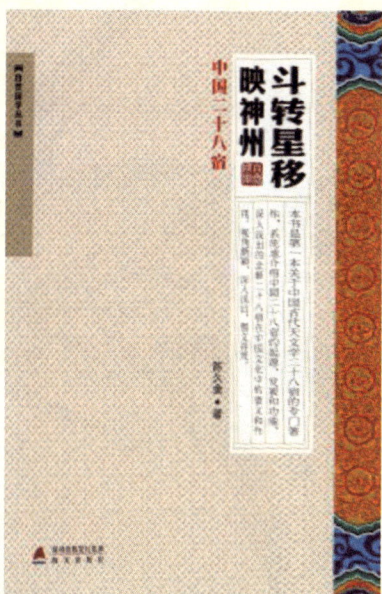

定价：20元

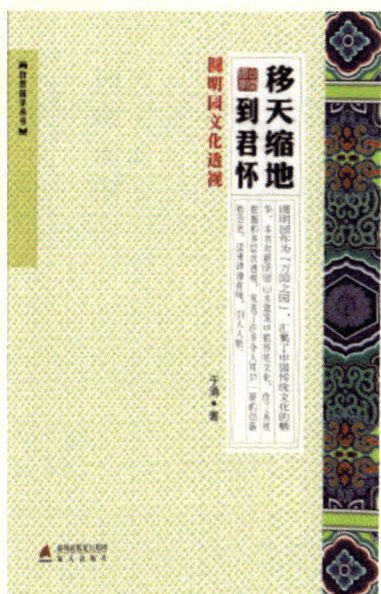

定价：30元

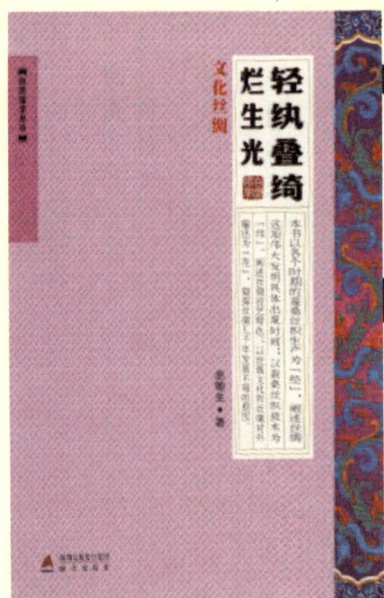

定价：20元

《周易》智慧与颐和园文化景观

定价：25元

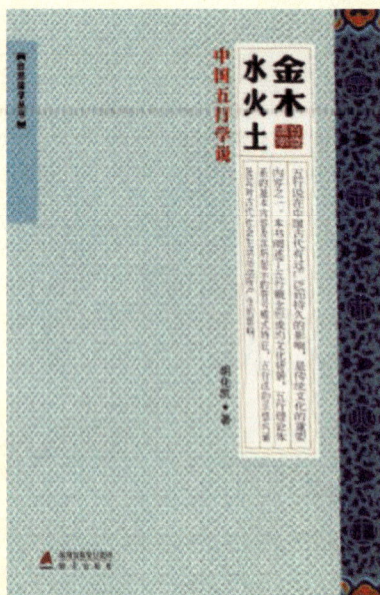

金木水火土
中国五行学说

定价：25元

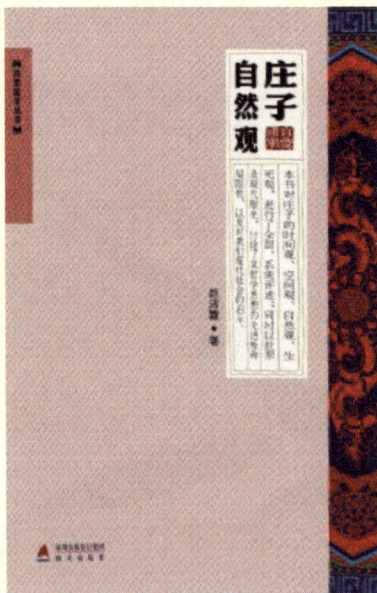

庄子自然观

定价：25元

和实生物 同则不继
与「优胜劣法」发展观的比较

定价：25元

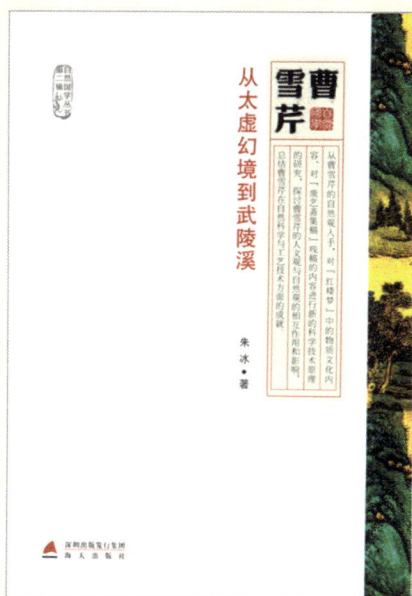

定价：36元

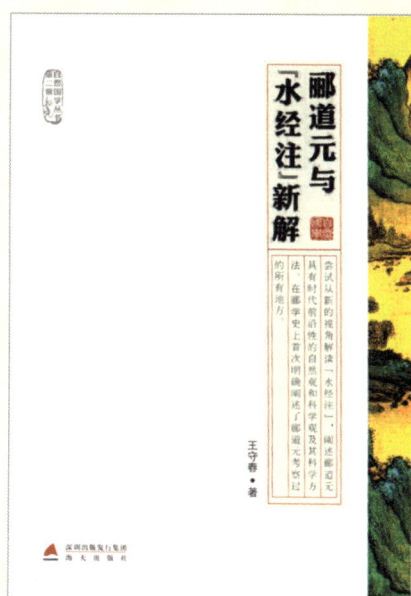

定价：32元

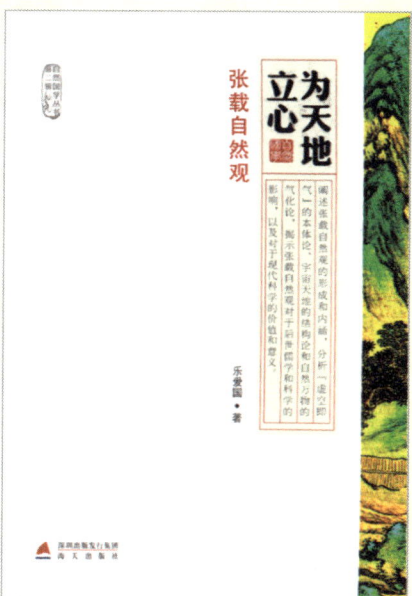

定价：26元

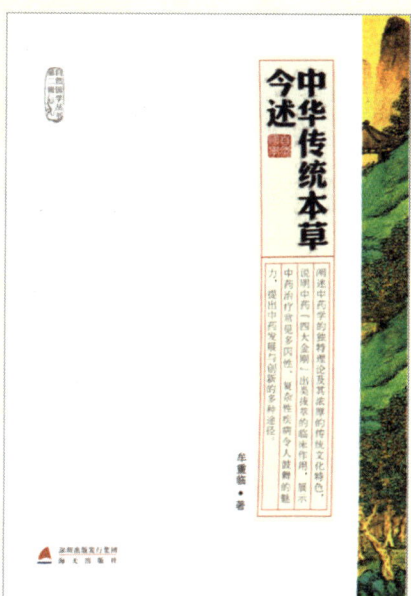

定价：28元

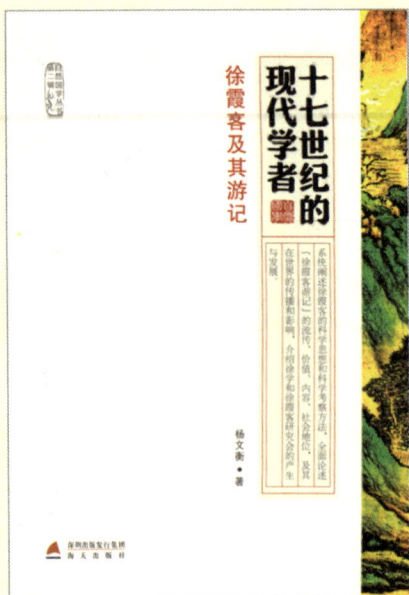

十七世纪的现代学者
徐霞客及其游记

系统阐述徐霞客的科学思想和科学考察方法，全面叙述《徐霞客游记》的流传、价值、内容、社会影响，及其在世界的传播和影响，介绍徐霞客和徐霞客研究会的产生与发展。

杨文衡 ● 著

深圳出版发行集团
海天出版社

定价：26元

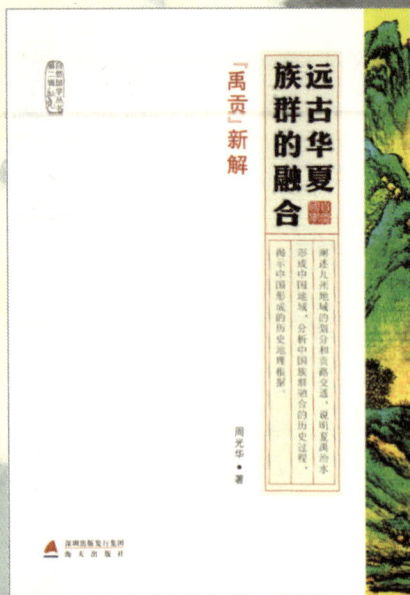

远古华夏族群的融合
「禹贡」新解

阐述九州地域的划分和贡赋交通，说明夏商均为本区域的中国族群，分析中国族群融合的历史地理框架，海牢中国形成的历史地理框架。

周光华 ● 著

深圳出版发行集团
海天出版社

定价：28元

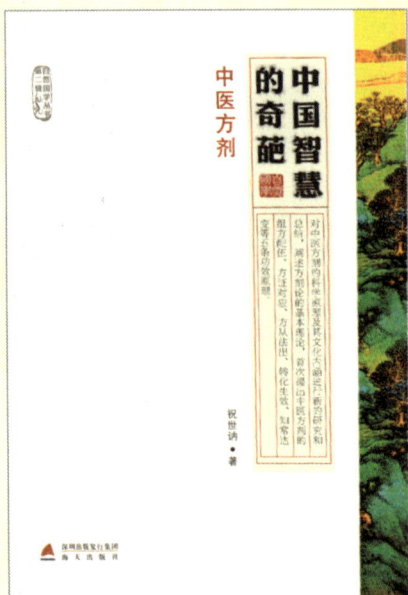

中国智慧的奇葩
中医方剂

对中医方剂的科体系发展就文予大邃名行了教学研究和总结，阐述方剂论的基本模式，阐方法，方证对应，方从法出，随证生变，知常达变等五条方剂基础。

祝世讷 ● 著

深圳出版发行集团
海天出版社

定价：26元

定价：26元

定价：32元

定价：30元

定价：28元

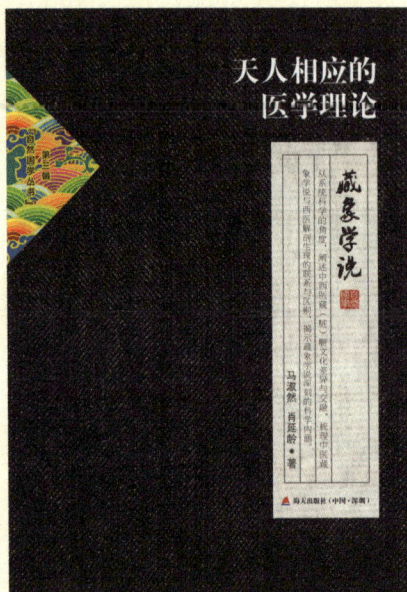

天人相应的
医学理论

藏象学说

马淑然
禹廷龄 著

定价：28元

太极序列

自然界的联系网络

徐道一 著

定价：26元

融通三教
师法自然

苏轼自然观

李雅扬 著

定价：30元

研究汉代大儒
的新视角

董仲舒自然观

王永祥 著

定价：26元

定价：30元

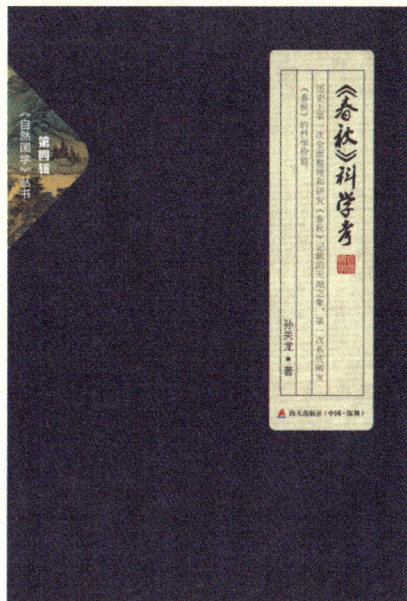

定价：32元

定价：30元

定价：32元

定价：38元

定价：39元

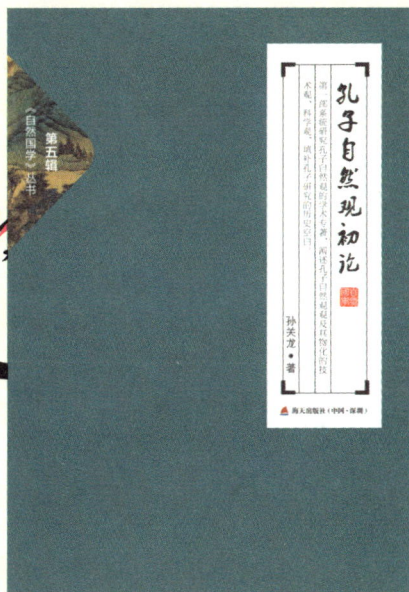

定价：38元

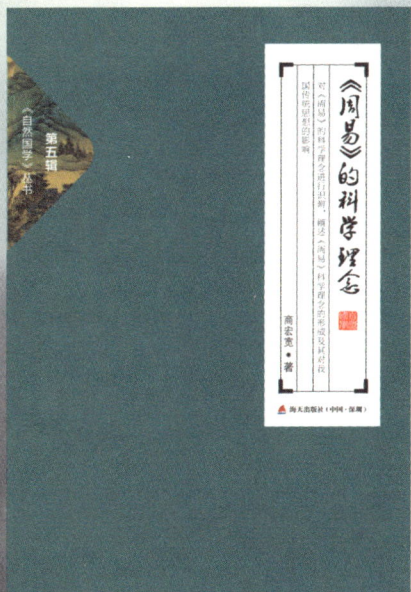

定价：38元

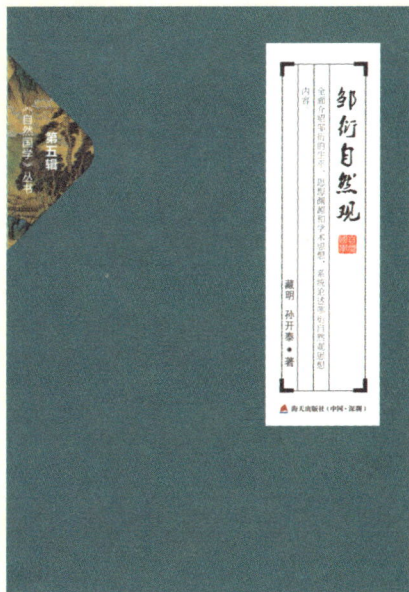

定价：30元

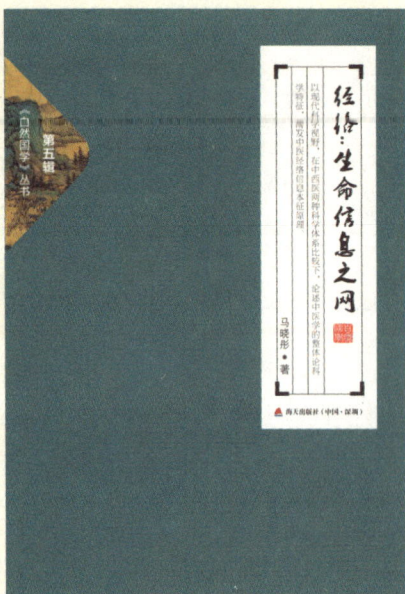

经络：生命信息之网

马晓彤 著

《自然国学》丛书　第五辑

海天出版社（中国·深圳）

定价：30元

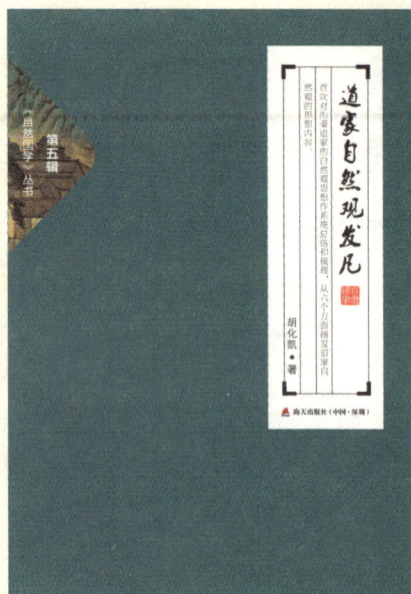

道家自然观现发凡

胡化凯 著

《自然国学》丛书　第五辑

海天出版社（中国·深圳）

定价：38元

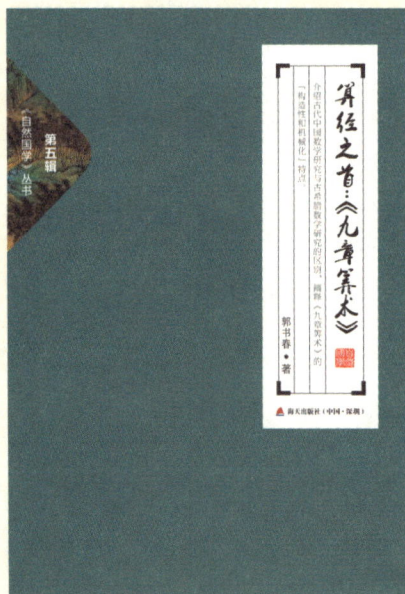

算经之首：《九章算术》

郭书春 著

《自然国学》丛书　第五辑

海天出版社（中国·深圳）

定价：30元

元气论：自然国学的哲学与方法论基石

姚春鹏 著

《自然国学》丛书　第五辑

海天出版社（中国·深圳）

定价：44元